子どもの特性

からだの特性

頭が大きな赤ちゃんも、しだいに手足がのびて、からだのバランスがよくなっていきます。はいはいからやがて自分で歩けるようになる時期をすぎると、親も驚くほどのスピードで運動能力が増していきます。でも、その**行動力に判断力が追いつかないのが子どもの特徴。**発達するにつれ、大人が思いもよらない行動をとることがあり、それがにつながります。

心の特性

子どもは泣いて欲求を訴え、に親が応えることから親子の愛係が築かれます。そして、やがて自立心が育っていきます。知能や情緒は、周囲とのやりとりの中で発達し、自分というものを理解するとともに社会性を身につけていきます。ひと言でいえば**何にでも興味をもち、何でも自分でためしたいのが子ども**です。その好奇心が「事故」につながることがあります。

事故を防ぐには

子どもの発達を見通した環境づくりを

子どもの成長は早く、「昨日できなかったことが今日できる」ことがしばしばあります。さらに、大人の常識は子どもには通じません。子どもは大人が思いつかないことをするということは、「事故は必ず起こる」ということでもあります。

大人が思いもつかないことをすると言いますが、実は大人が理解していないだけなのです。このことを前提にして対応しなければ、事故は防げません。

部屋の中、庭先、道路や公園など、どこにでも事故の原因となるものは数多く潜んでいます。事故を防ぐには、『目を離さないで』ではなく、**『目を離してもだいじょうぶ』といえる環境を前もってつくってあげることが重要**なのです。

何でもためしたい 子どもの行動

なめてみたい
窒息 誤飲

何でも口に入れ、なめて味を確かめてみたいのが子ども。食べられるものと食べられないものの区別はつきません。

大人がやっていた
誤飲

何でもまねをしたいのが子ども。大人がたばこに火をつけたり口にくわえたりすれば、自分もやってみたくなります。

いいにおいがする
誤飲

子どもはいいにおいがするものが大好き。化粧品でも洗剤でもいいにおいがすれば、すぐに口に入れてしまいます。

足元が見えない
けが 転倒

子どもの視野は大人よりずっとせまく、足元に障害物があっても、段差があっても見えません。

お水大好き
おぼれ

水は手触りも動きも子どもにとっては、とっても不思議。触ってみたいという気持ちをおさえられません。

湯気に興味を示す
やけど

子どもには湯気がおもしろく見えて、ついつい手を出してしまいます。

追いかける
交通事故

自分の友だちや、転がっていくボールを追いかけて、ついつい道路に飛び出します。

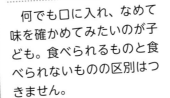

子どもの事故とは

0～9歳の子どもの死因の合計で目立つのは不慮の事故です。ここでは、「窒息」、窒息にもつながる「誤飲」、「おぼれ」、命にかかわるけがにつながる「転倒・転落」、「やけど」、そして不慮の事故の中でも特に多い「交通事故」について基本的なメカニズムや予防の知識を解説します。

窒息

- 息ができない
- 呼吸が苦しい
- 急な咳き込み
- 喉や胸を苦しがる

窒息

窒息とは、口から肺まで通じる空気の通り道（気道）のどこかが、何かの原因でつまってしまい、呼吸ができなくなった状態をいいます。酸素の取り入れと二酸化炭素（炭酸ガス）の放出ができなくなり、急激に血液中の酸素不足と炭酸ガスの過剰状態が起こります。首にひもが巻きついたり、布が口をふさいだり、ビニール袋をかぶってしまったときのような、外から気道をふさいでしまう場合と、口から入ったものが気道をふさいでしまう場合の2つのケースがあります。

急に顔色が悪くなったり、咳き込んだり、ヒューヒュー、ゼイゼイして苦しそうな呼吸をするのは窒息のサインです。

応急手当は↓24ページ参照

誤飲

誤飲

飲んだり食べたりしてはいけないものを子どもがまちがって飲み込んでしまうのが誤飲で、窒息にもつながります。生後6か月をすぎると、赤ちゃんは何でも口に入れるようになります。誤飲したものが、のどや食道、胃を傷つける、途中につかえて有害な作用を起こすなどの可能性があります。危険かどうかは、どんなものを飲み込んだかによって違います。

床に座った生活が多い日本では、はいはいやよちよち歩きの子どもの身の回りに誤飲の危険のあるものがたくさんあります。

応急手当は↓24ページ参照

おぼれ

おぼれ

本来であれば、呼吸するために空気が入っていく通路（気道）に、水が入ってしまうのがおぼれです。肺に水が入って呼吸ができなくなってしまい、窒息と同じ状態が起こります。

乳幼児のおぼれは、海や川やプールよりも家庭内で多く発生しています。浴槽や洗濯機はもちろん、こんなところで、と思うほどの少量の水でも、子どもはおぼれてしまいます。10㎝の水深でも注意が必要です。

応急手当は↓27ページ参照

けが

けが

転倒・転落

転倒・転落事故はいろいろなけがにつながります。危険性を予測するとか、バランスをとる能力は4～5歳児になってもまだまだ未熟。おまけに「怖い」という感覚もありません。転倒・転落は、平衡感覚が十分発達していないこと、からだに比べて頭が大きくて重く、重心の位置が高いこと、子どもの視野は大人に比べてせまいことも関係しています。

応急手当は↓26ページ参照

↓巻末の「幼児視野体験メガネ」を組み立て、幼児の視野を体験してみましょう。

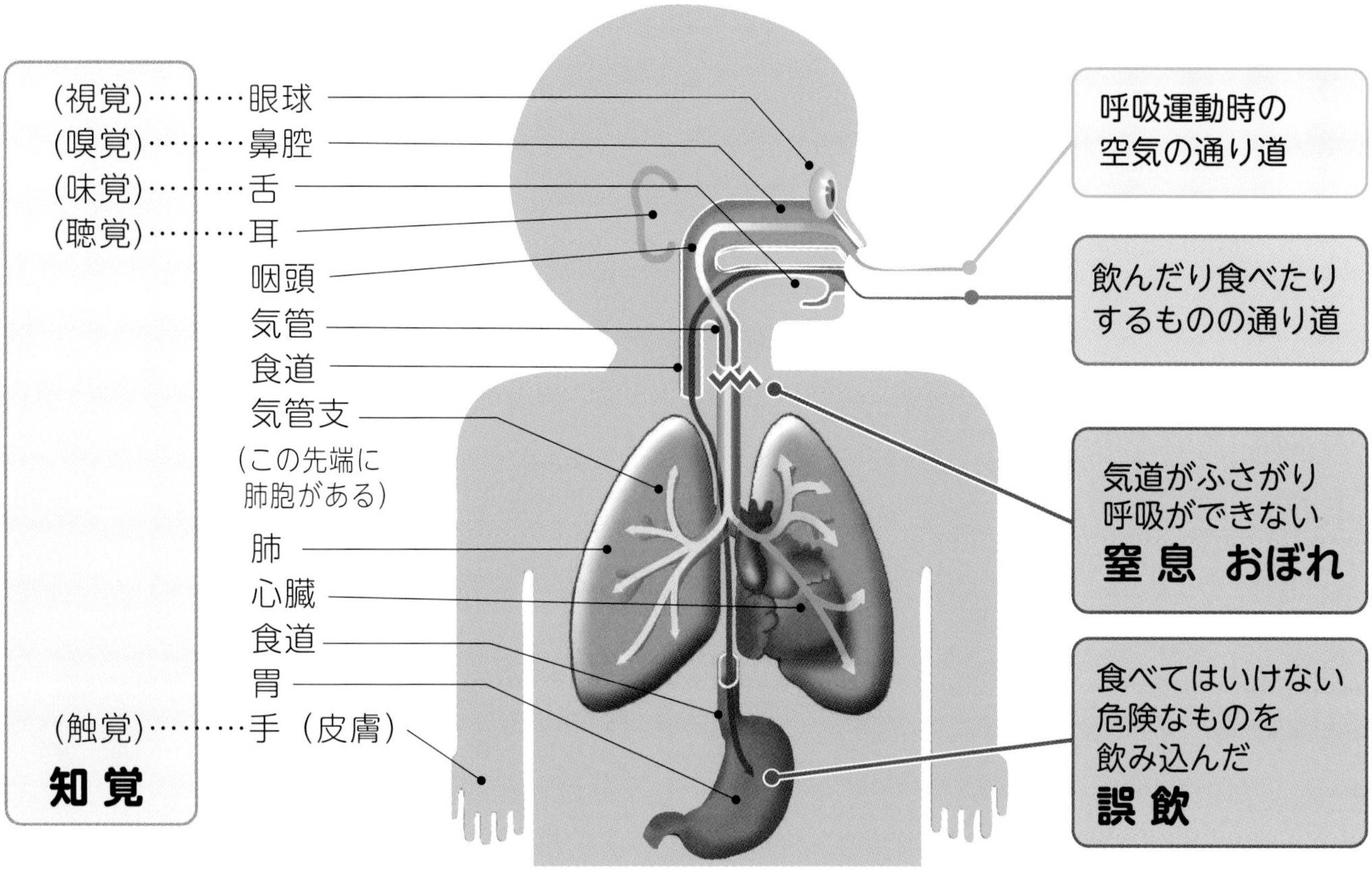

切る・はさむ

はさみや包丁、カッターナイフなど、家の中には子どもが大好きな光るものがたくさんあります。またドアや家具などの引き出しに指をはさんで切ったりします。子どもの指や手足は小さく、大人ならはさまれないようなところでも指をはさんだり、手足を切ったりします。切った場合は、出血を伴うので、そのぶん重症度の高い事故になります。

止血に対する救命手当の仕方を十分身につけましょう。

応急手当は⬇25ページ参照

やけど

熱湯やヒーターなどの熱源から受ける皮膚の損傷をいいます。子どもの皮膚は大人の皮膚に比べて薄いため、やや低い温度でも、より早く、より深いやけどになりやすいのです。

やけど

やけどの程度は、その深さによってⅠ度～Ⅲ度に分けられます。

Ⅰ度

皮膚が赤くなり、症状として痛みとヒリヒリする感じがあります。

Ⅱ度

皮膚が赤くはれぼったくなり、水ぶくれになることもあります。焼けるような強い痛みを感じます。

Ⅲ度

もっとも重度のやけどで、皮膚は乾いて固く弾力性がなくなり、蒼白になります。焦げている部位があるのも、このⅢ度に属します。痛みはほとんどなく、皮膚の感覚がなくなってしまいます。

低温やけどにも注意しましょう。ホットカーペットなどを長時間使用することにより、低温やけどを起こす場合があります。

また蒸気によるやけどは、炊飯器や電気ポット、加湿器などで起きます。子どもの手が届かないところに置くよう工夫しましょう。

応急手当は⬇27ページ参照

窒息　誤飲　おぼれ　けが　やけど　が起きやすい場所は⬇7、11、15ページをご覧ください。

交通事故による死亡者数			
	0歳	1〜4歳	5〜9歳
不慮の事故総数	58	57	49
交通事故	2	20	22
交通事故により受傷した歩行者	0	15	14
交通事故により受傷した自転車乗員	0	0	6
交通事故により受傷した乗用車乗員	2	4	1

厚生労働省「人口動態統計」（令和2年）より

交通事故を防ぐためには

交通規則の遵守が第一です

交通事故

令和2年の0〜9歳児の交通事故死のデータを表に示しました。0〜9歳児の不慮の事故による死亡全体に占める交通事故死の割合は約27%です。1〜9歳では歩行者として事故にあって死亡する例が多いのですが、自動車に同乗していたときに遭遇した事故によっても、毎年5〜10人が死亡しています。交通事故を防ぐためには、交通規則（飲酒運転の禁止、シートベルトおよびチャイルドシートの使用、運転中の携帯電話の使用禁止など）の遵守が第一です。

交通事故

自動車内の事故 チャイルドシートの必要性

6歳未満の子どもを乗せて運転する場合、大人のシートベルトと同じ役目をする「チャイルドシート」を使用することが義務づけられています（病気や障害があり使用が適当でない場合を除く）。生まれた赤ちゃんが病産院を退院するときから使用します。まれに同乗者がだっこしていたり、子どもが後部座席で自由に遊んでいたりするのを見かけますが、たいへん危険です。

歩行中の事故

子どもと道路を歩くときは、常に注意が必要です。子どもは好奇心がおう盛で動きが活発なため、歩行中でも、いろいろなものに関心を示します。たとえば、道路にボールが転がっていくと突然飛び出したり、信号を無視したりすることがあります。

歩行中の交通事故を防ぐためには、からだと心の発達段階に応じて適切な交通ルールを教え、交通マナーを守らせるように、安全に道路を歩行するための基本的な知識をくり返して教えます。このように交通安全教育を行うことは、事故から子どもを守るために必要で、親の重要な役目です。

子どもは車道から遠い側を歩かせましょう
小学生になったら一人でも学校に行けるように交通ルールを教えましょう
横断歩道を渡るときは、左右をよく見ましょう

からだにあった自転車を選ぶのがポイント

正しい乗車姿勢
両手でハンドルを握ったとき、上半身が少し前に傾くような姿勢
操作しやすい自転車
ハンドルやブレーキが操作しやすい大きさの自転車を選びましょう
自転車のサイズ
サドルにまたがって、両足のつま先が、地面に着くのが正しいサイズです

自転車

乗車中にはヘルメットの着用を！

年長児になると、自転車に乗車中の事故が多くなります。頭の外傷防止にヘルメットの着用が有効であることが医学的に証明されています。道路交通法では、13歳未満の子どもを自転車に乗車させるときは、保護者は子どもにヘルメットを着用させるように努めることとされています。

コラム

熱中症 乳幼児を自動車の中に放置するのは厳禁！！ 危険

温度が上昇する
脳の中心にある視床下部の調節機能が働かなくなる
体温が上がり脱水状態になる
熱中症

人の体温は、体外の温度が変化しても一定に保たれるよう調節されています。この調節を行っているのは脳の視床下部にある体温中枢というところで、運動をしたときなどには汗を出して体温を下げます。しかし異常な高温・多湿の環境などでは、この調節機能が働かなくなることがあり、からだの中で生じた熱を体外に放散することができず、体温が急激に上昇します。このような異常な体温の上昇と脱水の合併した状態を熱中症といいます。乳幼児は、調節機能が未熟なため、暑い環境の中で熱中症になる可能性が高いです。短い時間でも高温になりやすい自動車の中などに放置されると熱中症のために死亡することがあります。そうした行為は、虐待と見なされることがあります。

月齢・年齢別に見る子どもの事故

乳児 「ねんね」から「はいはい」「つかまり立ち」の時期
（5〜6か月ごろから1歳未満）

誕生／3か月／4か月／5か月／6か月／7か月／8か月／9か月／10か月／11か月／12か月／13か月／1歳半／2歳／3歳／3〜5歳

区分	内容
運動機能の発達	●からだや足をバタバタさせる（3か月）　●見たものに手を出す 口の中にものを入れる（5か月）　●寝返りをうつ（6か月）　●座る（7か月）　●ものをつかむ（8か月）　●はう（9か月）　●家具につかまり立ちする（10か月）　●一人歩きをする（12か月）　●スイッチノブに触る（13か月）　●走る のぼる（1歳半）　●階段をのぼりおりする（2歳）　●高いところへのぼる（3歳）
誤飲・窒息	枕、柔らかい布団による窒息 → 何でも口に入れる → 小物、たばこ、小さなおもちゃの誤飲 → スタイ、ひも、コード → ナッツ豆類 → 薬、化粧品 → ビニール袋 →
おぼれ	入浴時の事故 → 浴槽への転落 → プール 川、海での事故 →
切りきず・打撲	床にある鋭いもの　鋭い角のあるおもちゃ → 家具、建具の鋭い角 かみそりでのいたずら → テーブルの鋭い角 ドアのガラス ドアに手をはさむ 引き出しの角など → 屋外での石など →
やけど	熱いミルク 熱い風呂 → ポット、飲物 → 炊飯器、ストーブ、ヒーター、アイロン → マッチ、ライター、湯沸かし器、花火 →
転落	抱っこひもから落ちる　ベッド、ソファーからの転落 → 歩行器による転落　階段からの転落　バギーや椅子からの転落　浴槽への転落 → 階段ののぼりおりでの転落 → 窓、バルコニーからの転落　すべり台 ブランコ →
交通事故	自動車同乗中の事故 → 通りでのよちよち歩き → 親との自転車の2人乗り → 三輪車の事故 → 自転車の事故 →

子どもの成長（からだと心）

視覚・聴覚・味覚・触覚など知覚を日々獲得していくのがこの時期です。最初は寝ているだけの赤ちゃんも、4か月ごろになると首がすわり、動くものを目で追い、やがて寝返りもうてるようになります。あやすと声を出して笑ったり両手を顔の前にもってきて遊ぶことが多くなるので、おもちゃを与えたくなる時期です。特に手と舌で知覚の基礎を固める時期でもあります。

7〜8か月ごろには、一人で座れるようになり、9〜10か月では、はいはいやつかまり立ちができるようになります。人見知りをするようになるのもこのころから。自分で動き回るようになり、目が離せなくなる時期です。

子ども自身ではできないこと

つかまり立ちを始めても、まだ自分でからだを自由にコントロールすることはできません。危険があっても逃げたりよけたりできないのがこの時期。苦痛の訴えは泣くだけです。

高いところへよじのぼることはできても、おりることはできません。まだ、親の言葉をはっきりとは理解できないので、言葉による注意も役立たないときがあります。このころの事故の原因は赤ちゃん自身ではなく、住環境などにあります。大切な赤ちゃんのために安全な環境をつくってあげましょう。

子ども自身ができること

ねんねの時期には、声をかけると声のする方を向いたり、寝返りをうってうつ伏せになったり、もののある方に手をのばしたり握ったりができるようになります。また、手にしたものを、自分で口に入れることができるようになります。

6〜7か月をすぎると行動範囲が広がり、いろいろなものをつかんだり、開けたりすることができるようになります。興味をもったものに向かって自分で動いていくことができ、手にしたものは何でも口に入れてしまいます。

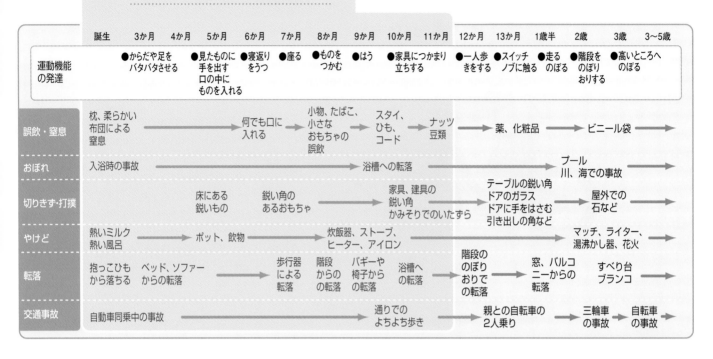

子どもの事故はこんなところにかくれている

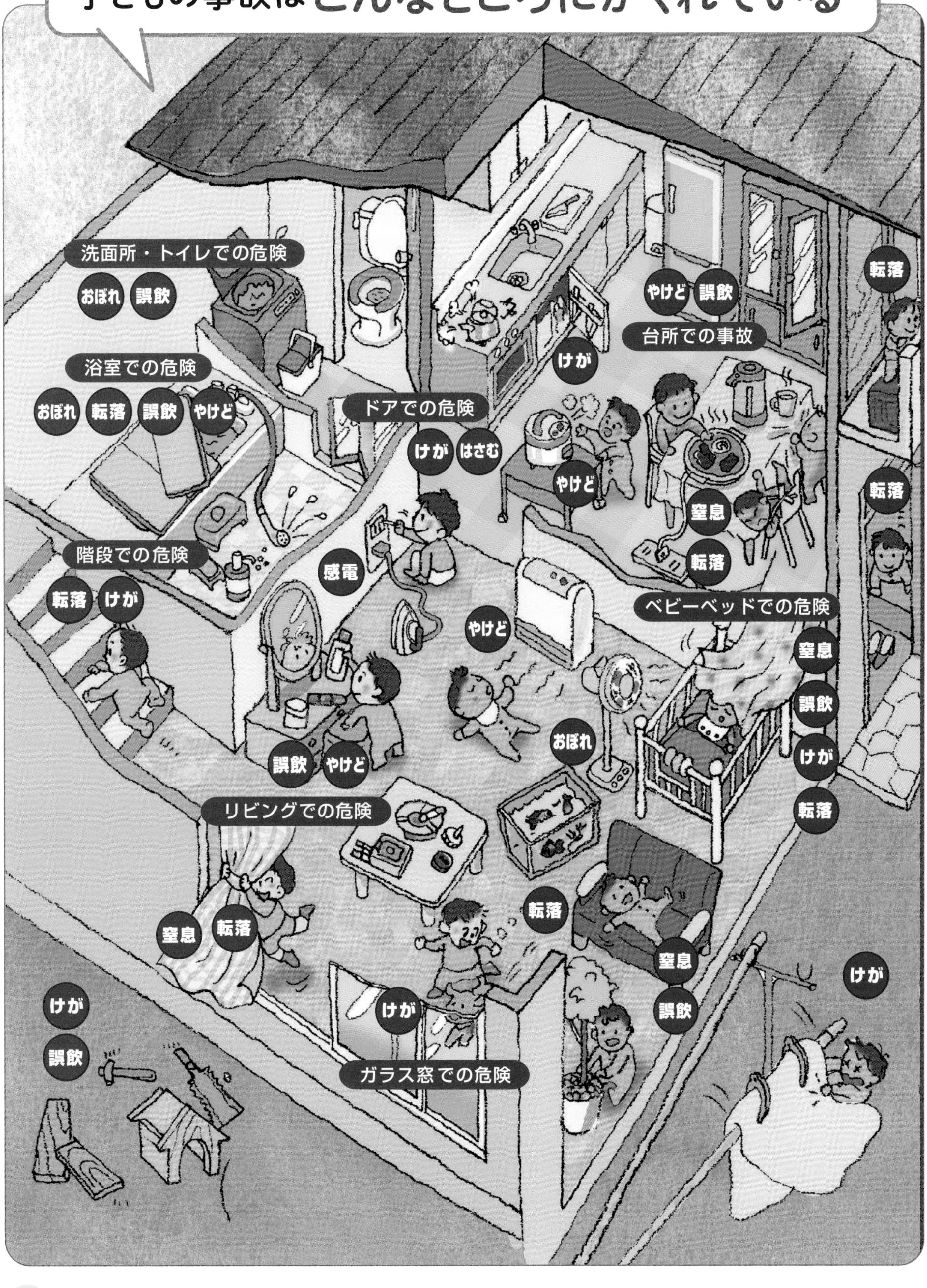

乳児

「ねんね」から「はいはい」「つかまり立ち」の時期
（5～6か月ごろから1歳未満）

乳児期の注意

5～6か月ごろから事故がよく起こるようになります

室内での事故

★重症度
●頻度
数が多いほど重い・多い

ベビーベッドでの事故

窒息　けが　転落

★★★★★ ●●
◆柔らかい布団でうつ伏せ寝をしていて窒息した。

★★★★★ ●●
◆ベビーベッドの中のぬいぐるみが倒れて顔をおおった。

★★ ●●●●●
◆ベッドから転落した。

▼ベビーベッドの柵はしっかり上げましょう。ベビーベッドの中には、ものを置かないで。

リビングでの事故

やけど　窒息　誤飲　けが　転落

★★★★★ ●●
◆ソファーを踏み台にして、窓から転落した。

★★★ ●●●●●
◆ストーブに触ってやけどした。

★★★★★ ●
◆電気コードが首に絡まって窒息した。

★★ ●●●●●
◆たばこの吸殻を食べた。

★★★★★ ●●
◆電気コンセントにはさみやピンを入れて感電した。

★★★★ ●●●●
◆ドアのちょうつがいに手をはさみ、指を骨折した。

浴室での事故

おぼれ　転落　誤飲　やけど

★★★★★ ●●
◆浴槽で親がうたた寝して、子どもがおぼれた。

★★★★★ ●●
◆親が洗髪中に浴槽でおぼれた。

★★ ●●●●●
◆子どものからだを洗っているときに持ち上げたら、手が滑って下へ落とした。

★★★★★ ●●●
◆浴槽の残り湯でおぼれた。

階段での事故

けが　転落

★★★ ●●●●●
◆階段から転落した。

洗面所・トイレでの事故

誤飲　窒息　おぼれ

★★★ ●●●●
◆洗面台下に置いてあった強力洗剤を飲んだ。

★★★★★ ●
◆ドラム式洗濯機の中に入って閉じ込められて窒息した。

★★★★★ ●●
◆便器を覗き込んでいて頭をつっこみおぼれた。

●子どもを守る「安全な環境づくりのキホン」は ➡ 28～29ページ、誤飲・窒息の予防は ➡ 32ページを確認してください。

屋外での事故

★★★★★重症度
●●●●●頻度
数が多いほど重い・多い

乗車中の事故

窒息　熱中症　けが　転落

★★★★★ ●
◆パワーウインドウに首をはさんで窒息した。

★★★★★ ●●●●
◆チャイルドシートをきちんと装着していなかったので、急ブレーキ時に座席から投げ出された。

★★★★★ ●●●
◆車中に残しておいた子どもが熱中症になった。

外出中の事故

けが　転落

★★★★★ ●●●
◆前かがみになったりしたとき、抱っこひもからすり抜けて転落した。

コラム

車に乗った状態での交通事故が多数発生しています

～チャイルドシートは、病産院から退院するときから使用しましょう～

（6歳未満幼児）
自動車同乗中のチャイルドシート使用有無別致死率

		死者数	負傷者数	死傷者数	致死率 注3
チャイルドシート使用	適正使用 注1	10	20,578	20,588	0.05
	不適正使用 注2	12	1,109	1,121	1.07
	計	22	21,687	21,709	0.10
チャイルドシート不使用		23	5,845	5,868	0.39
使用不明		0	479	479	0.00
計		45	28,011	28,056	0.16

（平成28年～令和２年計）

注1「適正使用」とは、チャイルドシートが車両に適切に固定され、かつ、幼児等がチャイルドシートを適正に使用している場合をいう。
注2「不適正使用」とは、事故によりチャイルドシートがシートベルトから完全に分離している場合、幼児等がチャイルドシートから飛び出した場合等をいう。
注3 致死率＝死者数（自動車同乗中）÷死傷者数（自動車同乗中）×100
警察庁「チャイルドシート関連統計」（令和2年）より

チャイルドシート使用の目的

シートベルトが使用できない小さな子どものために、チャイルドシートがあります。衝突時や急ブレーキ、急ハンドルのときに座席から転がり落ちたり、車内でぶつかったりするのを防ぐことができます。

チャイルドシートは適切な使用を

時速40kmで正面衝突をした場合、10kgの子どもの体重は瞬間的に30倍の約300kgにもなり人の腕では支えきれません。だっこでの乗車は絶対にやめましょう。チャイルドシートを使っていない場合や使っていても適切な取りつけ方でない場合、死亡事故につながる危険性が高くなります。

座らせた後のチェックポイント！

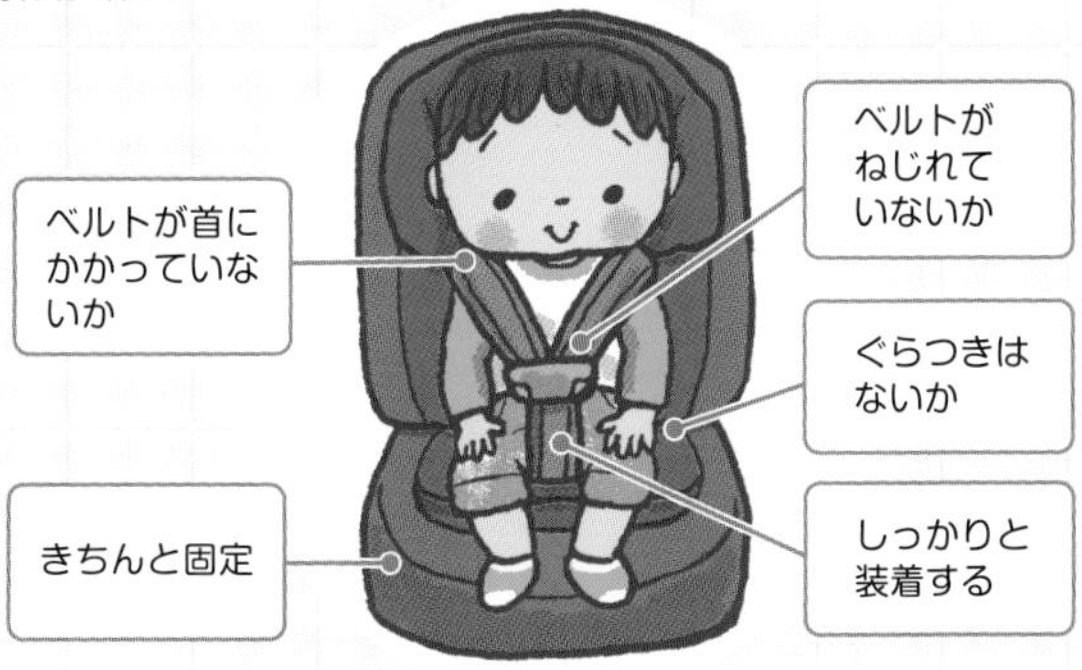
ベルトが首にかかっていないか
きちんと固定
ベルトがねじれていないか
ぐらつきはないか
しっかりと装着する

取り付け方法は車やチャイルドシートの種類によって異なります。
取り付けの際は必ず車とチャイルドシート両方の取扱説明書を読みましょう。
できるだけ後部座席に設置しましょう。

年齢に合ったチャイルドシートの種類

＊学童用

背もたれのあるものとないものがあります。身長が140cmになるころまで使いましょう。

＊幼児用

前向き／後ろ向き兼用（コンバーチブルタイプ）と前向き専用のタイプがあります。

＊新生児・乳児用

まだ首がしっかりすわっていない赤ちゃんは進行方向後ろ向きで座らせます。重症率が高い前方衝突時、背中の広い面で衝撃を受け止めます。

幼児　歩き回る時期

（1～2歳から3～4歳未満）

	誕生	3か月	4か月	5か月	6か月	7か月	8か月	9か月	10か月	11か月	12か月	13か月	1歳半	2歳	3歳	3～5歳
運動機能の発達		●からだや足をバタバタさせる		●見たものに手を出す口の中にものを入れる	●寝返りをうつ	●座る	●ものをつかむ	●はう	●家具につかまり立ちする		●一人歩きをする	●スイッチノブに触る	●走るのぼる	●階段をのぼりおりする	●高いところへのぼる	

誤飲・窒息	枕、柔らかい布団による窒息 → 何でも口に入れる → 小物、たばこ、小さなおもちゃの誤飲 → スタイ、ひも、コード → ナッツ豆類 → 薬、化粧品 → ビニール袋 →
おぼれ	入浴時の事故 → 浴槽への転落 → プール 川、海での事故 →
切りきず・打撲	床にある鋭いもの　鋭い角のあるおもちゃ → 家具、建具の鋭い角 かみそりでのいたずら → テーブルの鋭い角 ドアのガラス ドアに手をはさむ 引き出しの角など → 屋外での石など →
やけど	熱いミルク 熱い風呂 → ポット、飲物 → 炊飯器、ストーブ、ヒーター、アイロン → マッチ、ライター、湯沸かし器、花火 →
転落	抱っこひもから落ちる　ベッド、ソファーからの転落 → 歩行器による転落　階段からの転落　バギーや椅子からの転落　浴槽への転落 → 階段ののぼりおりでの転落 → 窓、バルコニーからの転落　すべり台 ブランコ →
交通事故	自動車同乗中の事故 → 通りでのよちよち歩き → 親との自転車の2人乗り → 三輪車の事故 → 自転車の事故 →

子どもの成長（からだと心）

幼児になると歩くことはお手のもの、跳んだり走ったりしながら全身を使って運動するようになります。階段ののぼりおりもできるようになり、低い段差や階段から飛びおりたりして、運動機能がいちじるしく発達します。しかし、子どもの体型の特徴として、頭が大きいので重心はからだの上の方にあります。そのためバランスは不安定です。2歳半ぐらいになると、乳歯が上下10本ずつ生えそろいます。また「ママ、だっこ」など、ふたつの単語をつなげた2語文が話せるようになります。

感情や情緒の起伏も激しく、反抗したり、わがままになったり、親を困らせる場面も出てきます。これは自我が芽生え、自己主張が強くなり自立心が育ってきたためです。おもちゃを使った遊びもできるようになり、公園などで友だちとも遊ぶようになります。危険も増えてきますが、成長を喜ぶ気持ちで、子どもの行動を見守ってあげましょう。

子ども自身ではできないこと

自由に歩き回ることはできても、この時期はまだ視野がせまく、周囲にある危険を察知できず事故にあうことがあります。事故の原因は子ども自身にもありますが、多くは安全な環境がつくられていないことが原因です。

子ども自身ができること

からだを自由に動かし、動き回ることができるようになります。手先を器用に動かして何でもためしたがります。また、何でも一人でやってみたいという欲求が強くなり、実際、服を着たり、靴下をはいたりするようになります。ただし、まだ上手にはできません。

親の言葉を理解できるようになり、大人の行動を見てまねをしたがります。

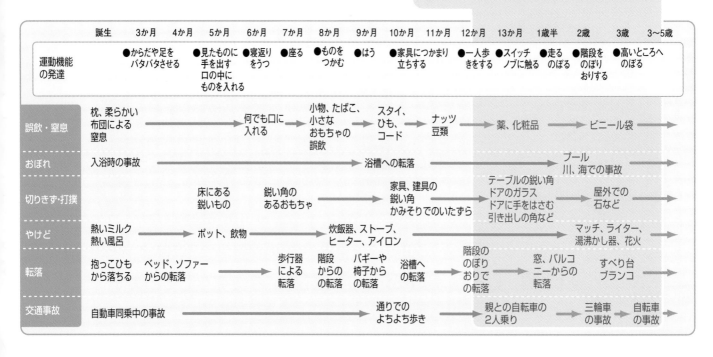

子どもの事故はこんなところにかくれている

幼児期の注意

この時期、事故の件数が最も多くなります

幼児 歩き回る時期

（1〜2歳から3〜4歳未満）

室内での事故

★★★★★重症度 ●●●●●頻度 数が多いほど重い・多い

ベランダでの事故

けが　転落

- ★★★★★ ● ◆ベランダの柵の間から下をのぞいていて転落した。
- ★★★★★ ● ◆柵に干していた布団によじのぼり、布団ごと下へ転落した。
- ★★★★★ ● ◆ベランダに置いてあった空き箱の上に乗って下をのぞき込み転落した。

玄関での事故

はさむ　けが　転倒

- ★★★ ●●● ◆玄関の扉のちょうつがい側に指をはさんだ。
- ★★★ ●●● ◆玄関のたたきに落ちて、顔を打った。
- ★★★★ ●●●● ◆立てかけておいたゴルフバッグやベビーカーなどが倒れてきて下敷きになった。
- ★★★ ●●● ◆一人でドアを開けて外に出て、階段や段差から落ちた。

階段での事故

けが　転落

- ★★★ ●●● ◆歩行器で階段から転落した。
- ★★★ ●●●● ◆階段で足を滑らせて転落した。

屋外での事故

★★★★★重症度 ●●●●●頻度 数が多いほど重い・多い

自転車での事故

はさむ　けが　転倒

- ★★★★ ●●● ◆自転車に子どもを乗せて立ち話をしていたら、自転車が倒れた。
- ★★★ ●● ◆自転車の後ろに乗った子どもの足が車輪に巻き込まれて、かかとに大けがをした。

▼ドレスガード、フットガードを取りつけましょう。

道路での事故

交通事故　けが

- ★★★★ ●●● ◆道路の反対側にいた友だちに声をかけられ、いきなり飛び出した。
- ★★★★ ●●● ◆ボールを追いかけて車道に飛び出した。
- ★★★★ ●● ◆車から先に降りた子どもが車道に飛び出し、走ってきた車にひかれた。

駐車場での事故

交通事故　けが　熱中症　転倒　やけど

- ★★★★★ ●● ◆停まっている車の後ろで遊んでいたら、車がバックしてきてひかれた。
- ★★★ ● ◆停車直後のバイクのマフラーに触ってやけどした。

▼正しい交通ルールを教えましょう。

●子どもを守る「安全な環境づくりのキホン」は ➡ 28〜29ページを確認してください。

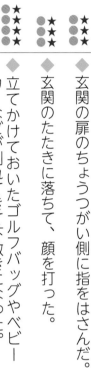

事故が起こる前に、交通安全の基本をくり返し教えましょう

1 歩くときは安全な場所を歩く

歩道を歩くこと。歩道がないときは路側帯（白線の内側）、路側帯のないところは右端を歩くように教えます。

2 「飛び出し」は絶対にしない

どんなに急いでいるときでも、横断前にはいったん立ち止まり、左右をよく見て車が来ないのを確かめること。ボールが道路に転がっても決して飛び出さないように教えます。小さな交差点でもいったん立ち止まること。

3 横断歩道や歩道橋を利用する

横断歩道や歩道橋が遠くにあっても、道路を横断するときはそこまで行き、渡ること。

4 信号機の意味

信号機の青色・赤色・黄色の意味をしっかり教えてください。青色が点滅しているときは、危険なので渡らないことも教えましょう。

5 安全な場所で遊ぶ

道路では決して遊ばないように教えましょう。遊び場や遊び場に行く途中の安全も、子どもと一緒に点検しましょう。

6 雨や雪の日の交通安全を

雨や雪の日は黄色など目立つ色の服や雨具を着せましょう。傘も黄色など目立つ色を用い、前が見えるようにまっすぐさすように教えます。

7 踏み切りには近づかない

踏み切りや線路の近くでは遊んではいけないこと、警報機がなっているときは絶対にくぐり抜けたり渡ったりしてはいけないことを教え、守らせます。

幼児　社会参加の時期

（3 〜4 歳から5 〜6 歳）

	誕生	3か月	4か月	5か月	6か月	7か月	8か月	9か月	10か月	11か月	12か月	13か月	1歳半	2歳	3歳	3〜5歳
運動機能の発達		●からだや足をバタバタさせる		●見たものに手を出す口の中にものを入れる	●寝返りをうつ	●座る	●ものをつかむ	●はう	●家具につかまり立ちする		●一人歩きをする	●スイッチノブに触る	●走るのぼる	●階段をのぼりおりする	●高いところへのぼる	

誤飲・窒息	枕、柔らかい布団による窒息 → 何でも口に入れる → 小物、たばこ、小さなおもちゃの誤飲 → スタイ、ひも、コード → ナッツ豆類 → 薬、化粧品 → ビニール袋 →
おぼれ	入浴時の事故 → 浴槽への転落 → プール川、海での事故 →
切りきず・打撲	床にある鋭いもの　鋭い角のあるおもちゃ → 家具、建具の鋭い角かみそりでのいたずら → テーブルの鋭い角ドアのガラスドアに手をはさむ引き出しの角など → 屋外での石など →
やけど	熱いミルク熱い風呂 → ポット、飲物 → 炊飯器、ストーブ、ヒーター、アイロン → マッチ、ライター、湯沸かし器、花火 →
転落	抱っこひもから落ちる　ベッド、ソファーからの転落 → 歩行器による転落　階段からの転落　バギーや椅子からの転落　浴槽への転落 → 階段ののぼりおりでの転落 → 窓、バルコニーからの転落 → すべり台ブランコ →
交通事故	自動車同乗中の事故 → 通りでのよちよち歩き → 親との自転車の2人乗り → 三輪車の事故 → 自転車の事故 →

子どもの成長（からだと心）

この時期は、知覚も平衡感覚もほぼ完成し、知恵もついてきて何でもやりたがる時期です。からだも思うまま自由に動けるので、高いところにあるものを取るのに椅子や踏み台を運んできます。家の外や公園などでよく遊ぶようになり、そこでも大いに知恵を働かせます。

また心も成長し、ライターや刃物にさわるなど大人のまねをして遊ぶこともあります。しかし、目の前にあることの向こうに潜んでいる危険は、察知できていません。そのためこの時期は、遊びの中から危険を学習する大事な時期と考えましょう。

屋外で遊ぶ機会が増えてくるこの年齢のころは、交通事故など、大人にも予測できない事故が増えてくる時期でもあります。さらに、転落や窒息の事故もまだまだ多いので注意しましょう。

子ども自身ではできないこと

社会参加の時期には、一人で行動するようになりますが、危険に対する判断力はまだまだ不十分です。一度に一つのことにしか注意を向けられません。しかし、この時期には、運動能力や思考力などが培われてきて今までできなかったことができるようになります。将来にわたって発揮される人間形成の第一歩といえるでしょう。

子ども自身ができること

社会参加の時期には、自立心が芽生えて一人で行動します。また友だちと一緒に遊び回ります。骨格も筋肉も発達してくるので、追いかけたり高いところにのぼったり飛びおりたり何でもやりたがり、三輪車や自転車にも乗れるようになります。興味があるものには、触って、のぞいて確認するようになります。

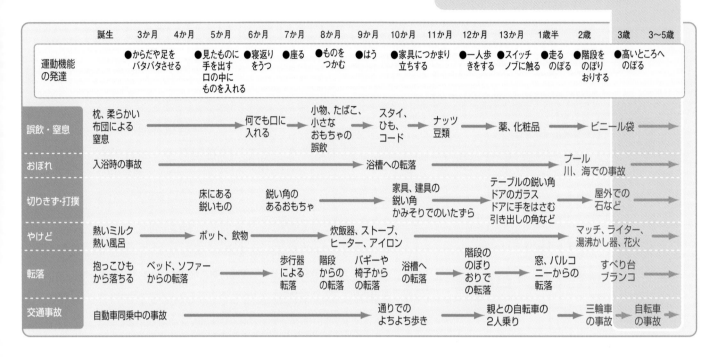

子どもの事故はこんなところにかくれている

幼児期の注意

この時期には、屋外での事故が多くなります

幼児 社会参加の時期

（3～4歳から5～6歳）

屋外での事故

★★★★★重症度 ●●●●●頻度 数が多いほど重い・多い

公園遊具での事故

転落 けが 転倒

★★★★★ ●● ◆すべり台などで肩掛けカバンのひもがひっかかり、首つり状態になった。

★★ ●●●●● ◆揺れているブランコのそばを通って頭をぶつけた。

★★★★★ ●●● ◆ジャングルジムから転落した。

▼公園で遊ぶときは、リュック、水筒、ヘルメットなどは親が持つようにします。

道路での事故

交通事故 転倒

★★★★★ ●●● ◆ボール投げで遊んでいたとき、ボールを追いかけて車道に飛び出した。

★★★★★ ●●● ◆道路の向こうに友だちがいるのに気づいて、いきなり車道に飛び出した。

▼正しい交通ルールを教えましょう。

自動車・自転車での事故

交通事故 転落 けが

★★★★★ ●●● ◆走行中、ドアをロックしていなかったのでドアを開けてしまった。

★★★★★ ●●● ◆交差点で車と接触して自転車に乗せていた子どもが道路にほうり出された。

★★★★★ ●●●●● ◆助手席に座っていた子どもが、急ブレーキでフロントガラスに激突した。

★★★ ●● ◆自転車で走っていたら、後ろに乗せていた子どもが立ち上がった。

レジャー中の事故 山・川・海

けが 転倒 おぼれ やけど

★★★★★ ●●● ◆ソリが勢いよく滑って、そのまま木に激突した。

★★★★★ ●●● ◆川に入って遊んでいたら、石に滑って転倒し、おぼれた。

★★★★★ ●●● ◆泳いでいるときに浮き輪から手を離して、おぼれた。

★★★ ●●●● ◆バーベキューの鉄板に触って、手にやけどした。

●子どもを守る「安全な環境づくりのキホン」は ➡ 28～29ページを確認してください。

データで見る不慮の事故

※データは、小数第2位を四捨五入しています。

年齢階級別に見た死因順位

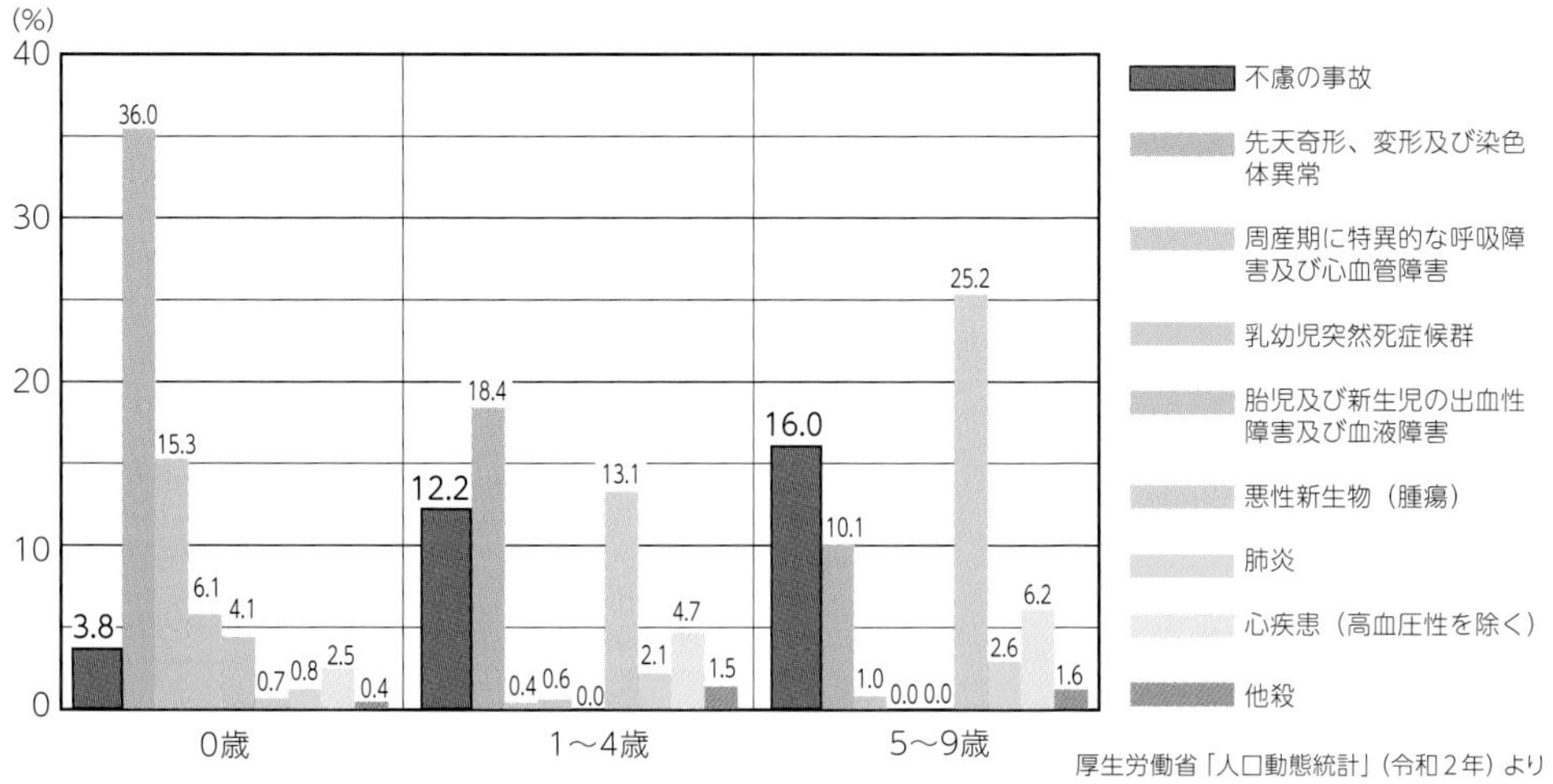

厚生労働省「人口動態統計」（令和２年）より

子どもの死亡原因の中で、「不慮の事故」は高い割合を占めています。

年齢階級別、不慮の事故の死因別割合

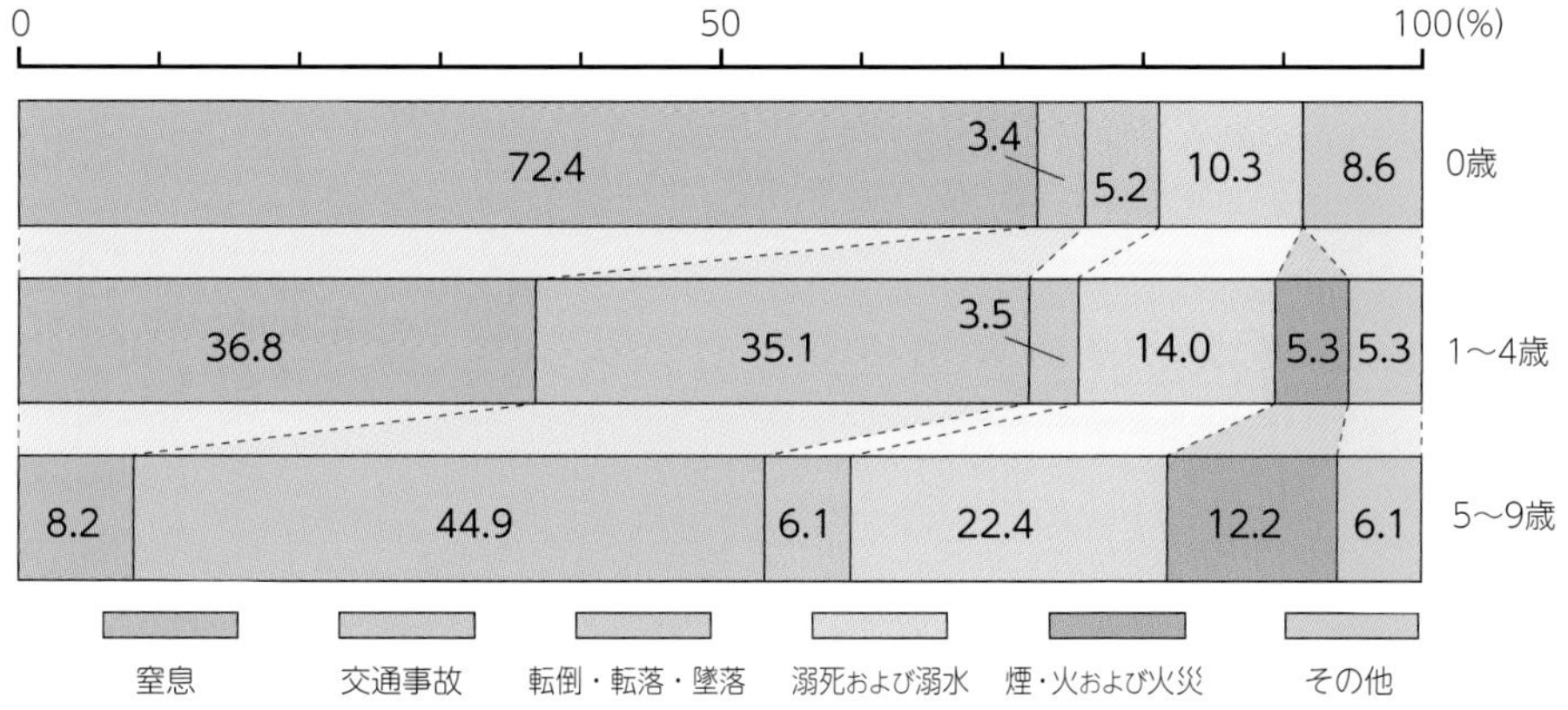

厚生労働省「人口動態統計」（令和２年）より

統計によると、子どもの年齢層によって死因は大きく異なっています。不慮の事故死は、年齢があがるにつれて屋外での発生が増えていきます。5～9歳になると、交通事故は４割を占め、おぼれがそれに続きます。

５歳以下の乳幼児が誤飲・誤食した物品

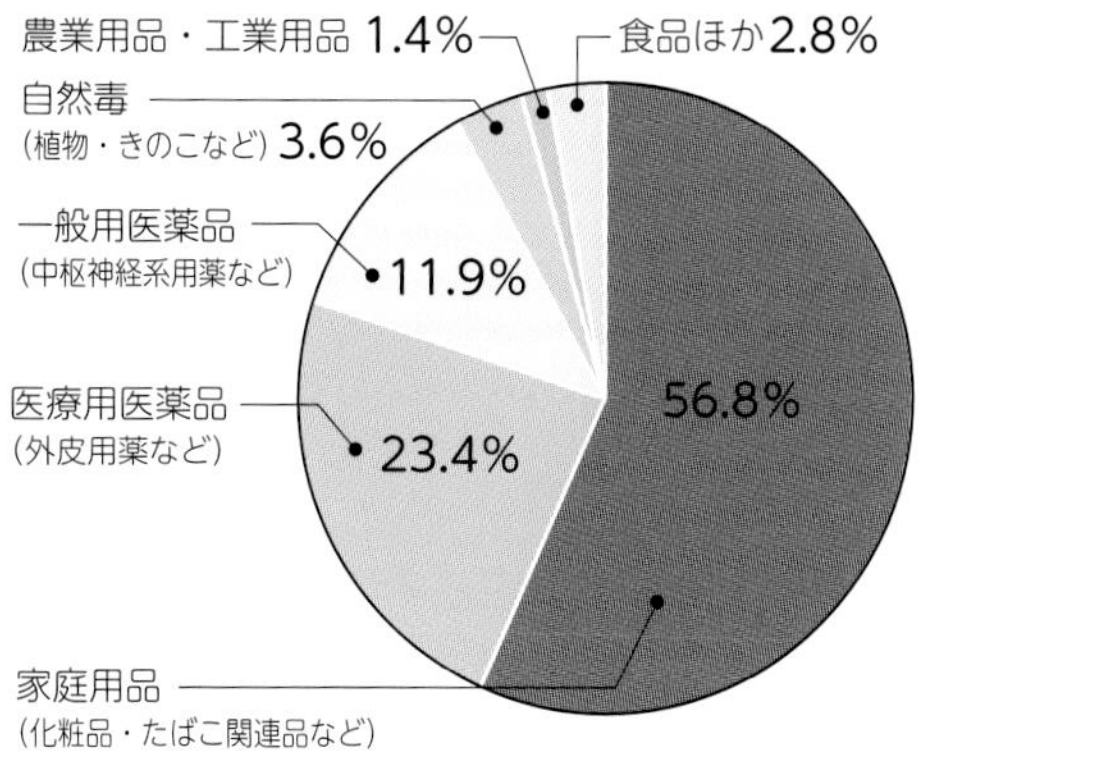

公益財団法人日本中毒情報センター
「2020年受信報告」より

リビングは、屋内での事故が最も多い場所です。子どもが触ると危険な日用品がたくさんあり、家具も多い場所ですので、日ごろから部屋の整理整頓を心がけましょう。

違反別交通事故割合（歩行中未就学児童）

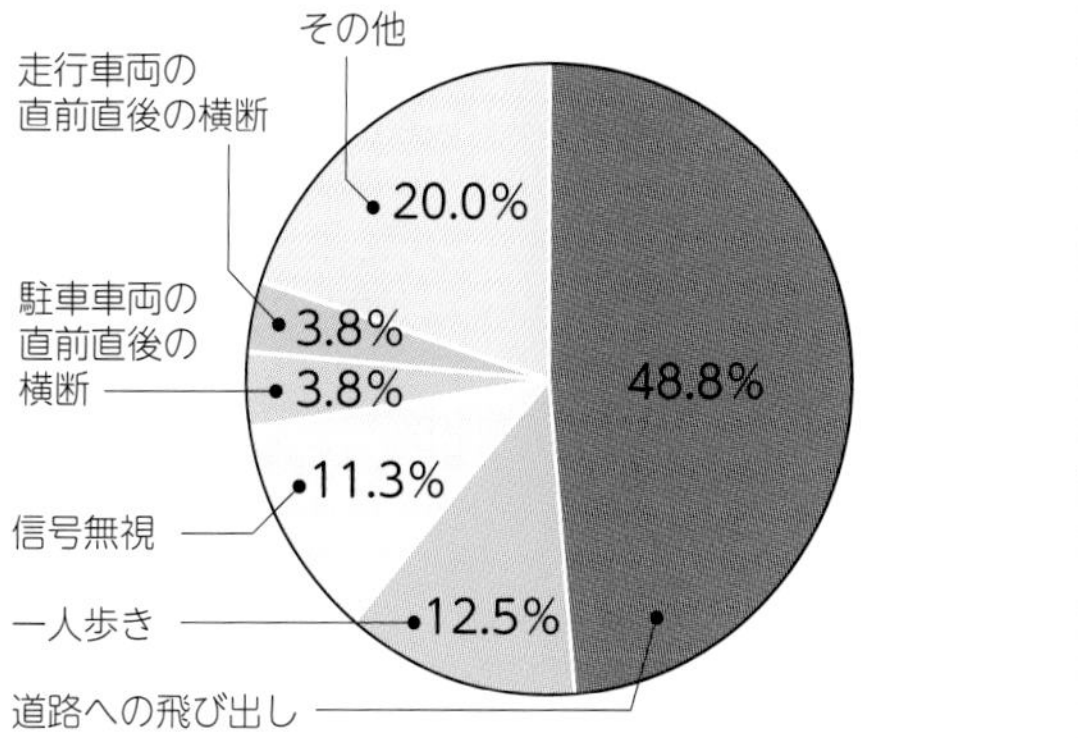

公益財団法人交通事故総合分析センター
「交通統計」（令和元年版）より

子どもの歩行中の事故や自動車乗車中の交通事故があとを絶ちません。このような交通事故を未然に防ぐには、日ごろから保護者が、家庭でのしつけの中で交通ルールをくり返し教えることが大切です。

応急手当

手当の重要性

子ども（傷病者）が事故や急病になった場合、お父さん、お母さん（救助者）が手当を正しくすみやかに行えば、救命効果が向上し、予後の経過にも良い影響を与えます。緊急の事態に遭遇した場合のために、正しい救命の方法を身につけましょう。

手当の目的

「救命」「悪化防止」「苦痛の軽減」

生命にかかわる意識障害、呼吸停止、心臓停止、多量の出血などの症状を認めた場合には、「救命」を目的とした手当が必要です。

すぐには生命にかかわることがないとしても、けがや病気が重症であった場合、その対処の仕方によっては、症状が悪化し、ついには生命にかかわることも十分に考えられます。

このような場合には「悪化防止」「苦痛の軽減」を目的とした手当が必要です。

手当の必要性

救急車が要請を受けて現場に到着するまでの平均時間は、全国平均で8・7分（令和2年）です。この数分間が傷病者の生命を大きく左右することになります。

心臓停止後　約3分で、死亡率50％
呼吸停止後　約10分で、死亡率50％
多量出血　約30分で、死亡率50％

カーラーの救命曲線によれば、心臓停止の傷病者を3分間放置していると、死亡率は50％となり、5分後にはさらに高率となります。

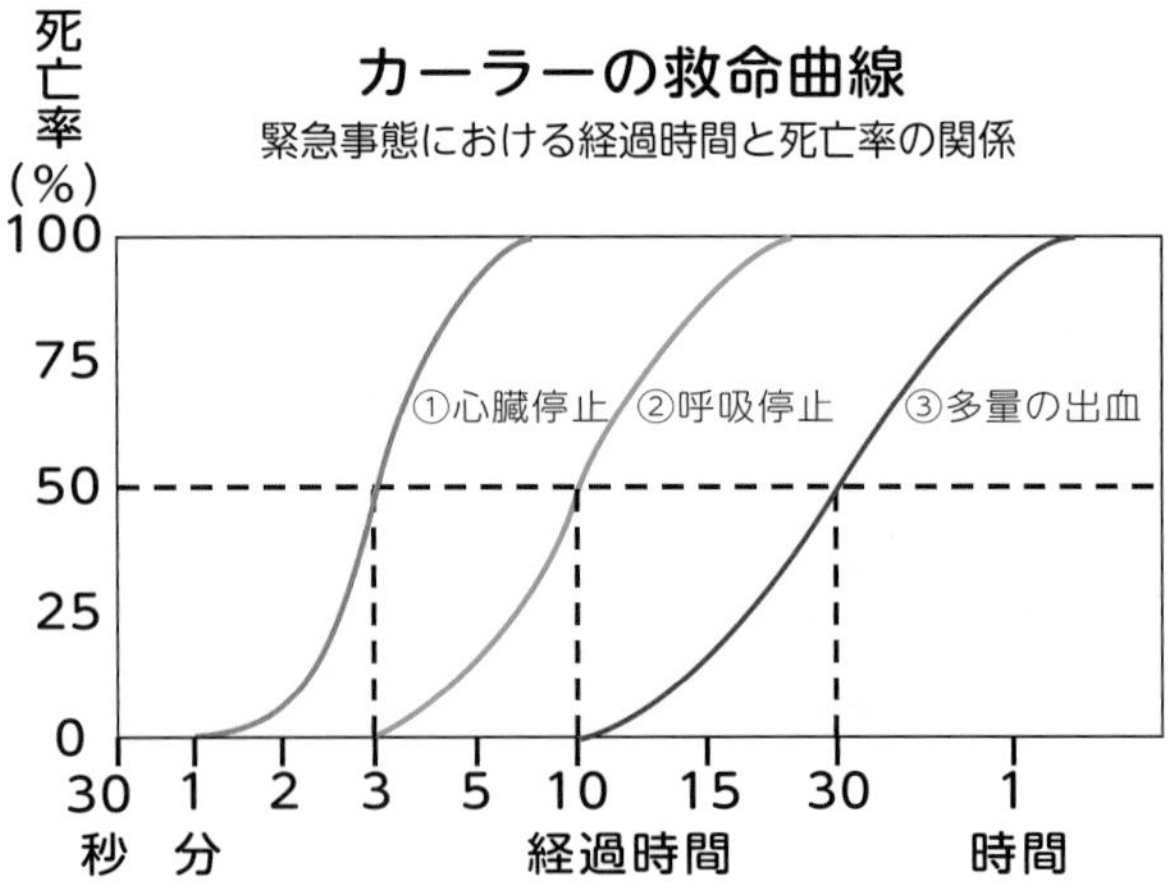

（M.Cara:1981.「カーラーの曲線」一部改編）

救命の連鎖（チェーン・オブ・サバイバル）

突然に心肺停止した人を救命するためには、

早い119番通報
早い心肺蘇生《しんぱいそせい》
早い除細動《じょさいどう》
2次救命処置
（救急隊や病院での処置）

の4つが連続して行われることが必要です。

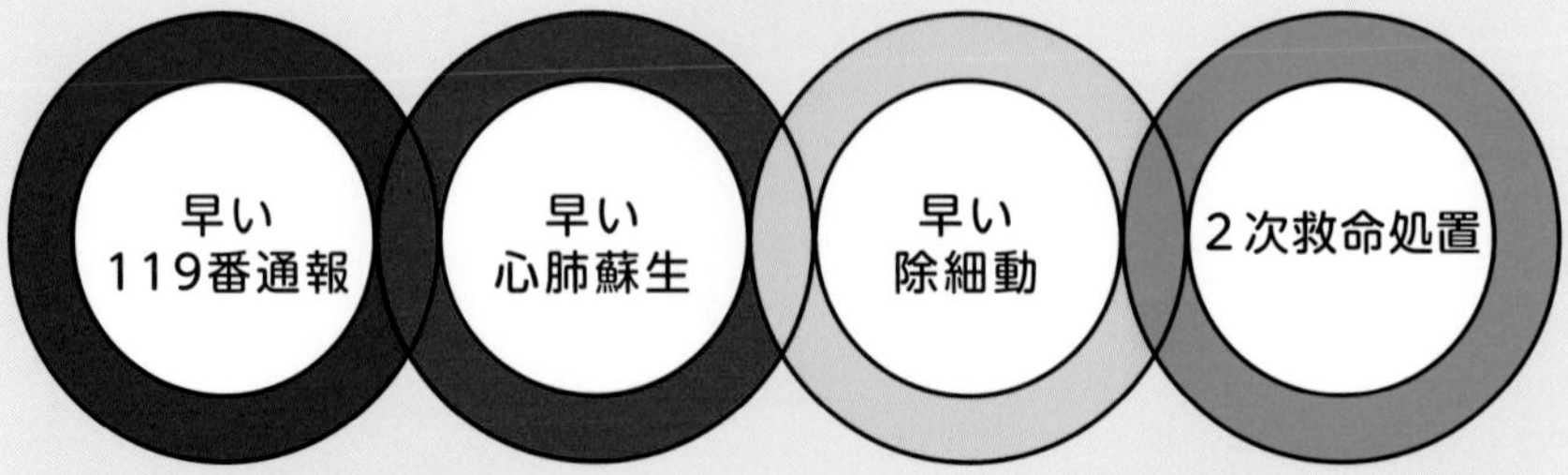

これを**「救命の連鎖（チェーン・オブ・サバイバル）」**と呼びます。この4つのうち、どれか1つでも途切れてしまえば、救命効果は低下してしまいます。特にバイスタンダー（救急現場にいあわせた人）となる市民は、この救命の連鎖のうち最も重要な、最初の3つの鎖を担っているのです。

救急車の到着までにしておくこと

被害を最小限にとどめるために応急手当を行います。
反応の確認 ➡ 気道確保 ➡ 呼吸の確認 ➡ 心肺蘇生 ➡ 救急隊に交替

STEP4 心肺蘇生

心肺蘇生の対象者

気道確保を行っても普段どおりの息がなければ、呼吸だけでなく脈拍もないと判断し、ただちに胸骨圧迫を行います。以前は人工呼吸もセットで行うよう指導されていましたが、経験がない人には人工呼吸が難しいなどの理由から現在のガイドラインでは省略されています。

胸骨圧迫

年齢区分による胸骨圧迫法の違い

対象	圧迫法	圧迫の深さ	リズム	圧迫回数に対する人工呼吸の回数	圧迫位置
乳児	2指	胸の厚さのおよそ1/3沈む程度	1分間に100〜120回	30回：2回	乳頭と乳頭の真ん中より指１本足側
小児	両手または片手				乳頭と乳頭の真ん中

乳児の胸骨圧迫　乳児

胸骨圧迫の圧迫位置

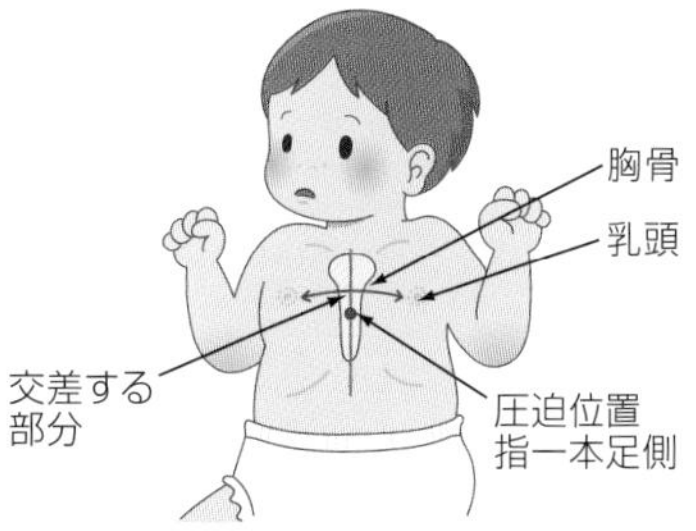

乳児は、小児や成人と同様に胸骨の下半分を圧迫しますが、位置の確認方法が違います。左右の乳頭を結ぶ線と胸骨が交差する部分より、指1本分足側の部分を圧迫します。

胸骨圧迫の方法

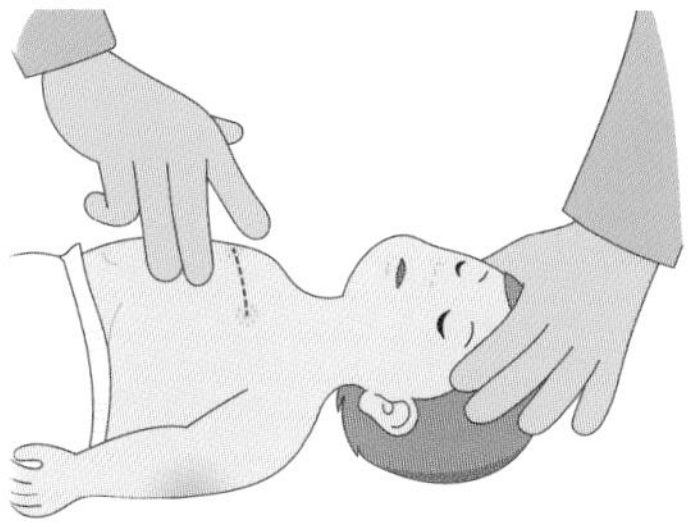

指2本で胸の厚さおよそ3分の1が沈む強さで圧迫します。

ただちに胸骨圧迫を始めます。速く（1分間に100〜120回のペース）、絶え間なく（中断を最小限にする）行うことが大事です。

人工呼吸ができる場合は、胸骨圧迫を30回したあとに、人工呼吸2回。これを1サイクルとして救急隊が到着するまで続けます。人工呼吸ができないかためらわれる場合は、胸骨圧迫のみ行います。

小児の胸骨圧迫　小児（1歳以上〜8歳未満）

胸骨圧迫の圧迫位置

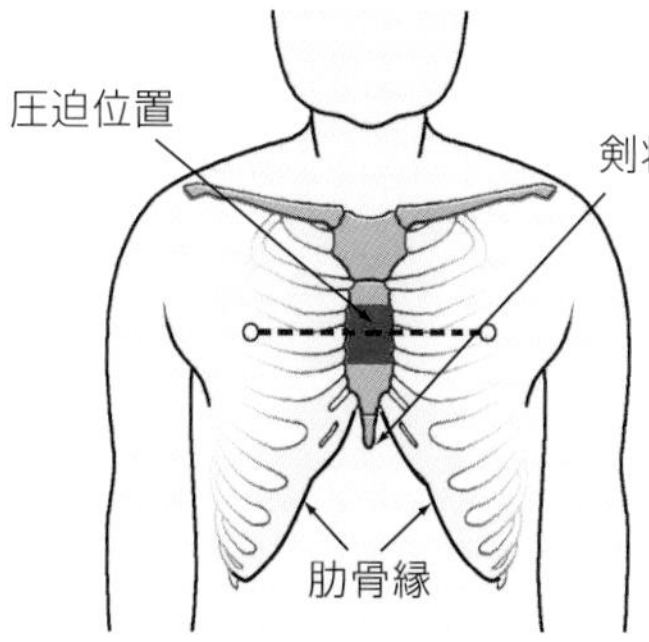

胸骨の下半分の位置となります。目安は、乳頭と乳頭の真ん中（胸骨上）です。

一方の手の手掌基部（手の根元）だけを、胸骨（圧迫位置）に平行に当て、他方の手を重ねます。

肋骨など胸骨以外の場所に手が当たらないように注意しましょう（指をからませるか、両手先を反らせます）。

胸骨圧迫の方法

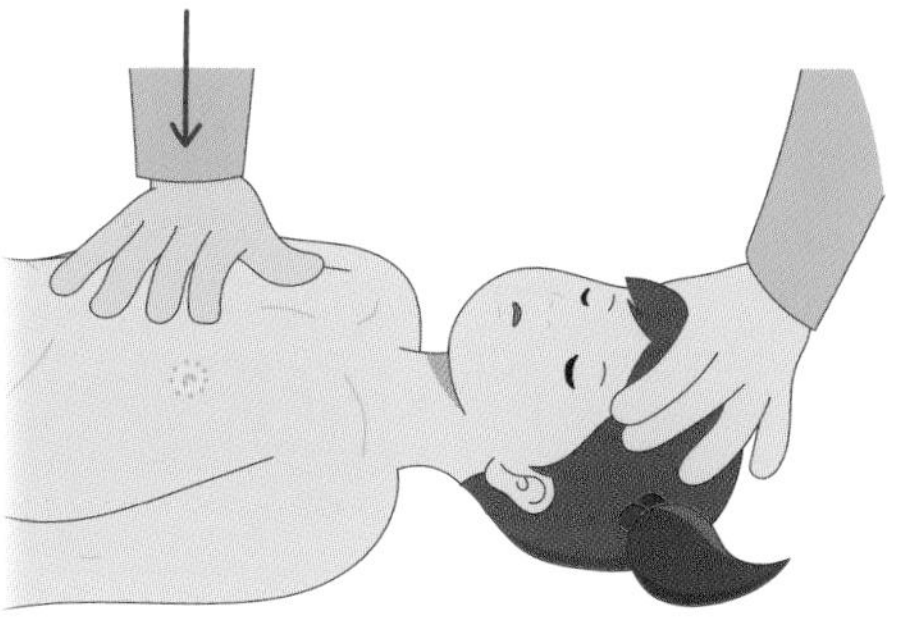

- 両手または片手で圧迫します。
- 胸の厚さおよそ3分の1が沈む強さで圧迫します。
- 圧迫は1分間に100〜120回のリズムで30回圧迫し、可能なら人工呼吸を2回行います。

➡ 31ページ「胸骨圧迫」も確認してください。

命を守る

子どもの大切な命を守るためには
救急車が来るまでが勝負です

救急車の到着までにしておくこと

被害を最小限にとどめるために応急手当を行います。

反応の確認 ➡ 気道確保 ➡ 呼吸の確認 ➡ 心肺蘇生 ➡ 救急隊に交替

STEP 2 気道確保

反応がない人は、原因や年齢・性別に関係なく気道閉塞を起こし、呼吸困難や、呼吸ができない状態に陥ることがあります。したがって、反応がないときには、必ず気道確保を行います。

＜ 気道確保とは ＞

気道とは、呼吸の際に空気の通る道のことをいいます。「気道確保」とは、この空気の通り道をつくることをいいます。

＜ 気道閉塞とは ＞

- 空気の通り道がふさがり、呼吸が困難になることをいいます。
- 反応がなくなると、全身の筋肉がゆるんでしまいます。
- 舌の筋肉がゆるむと、舌がのどに落ち込んで（舌根沈下《ぜっこんちんか》）、空気の通り道をふさいでしまい気道閉塞を起こします。

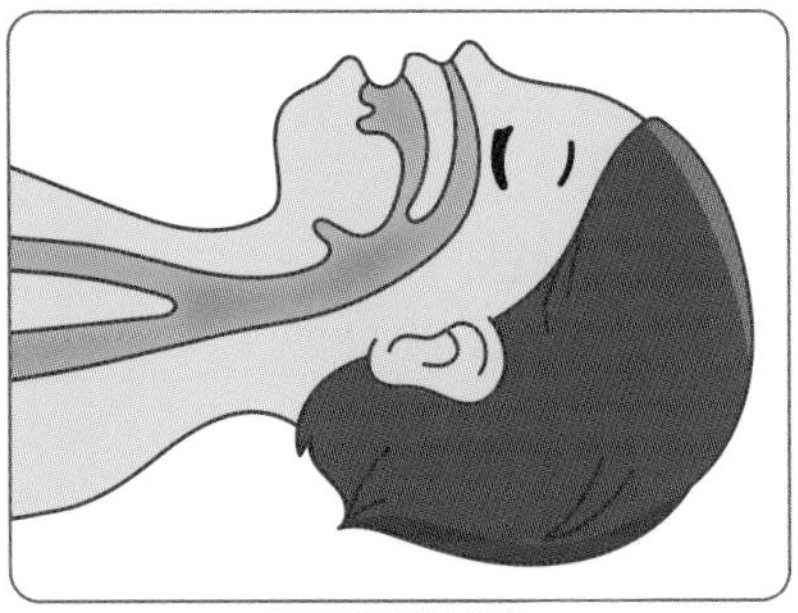

正常気道状態

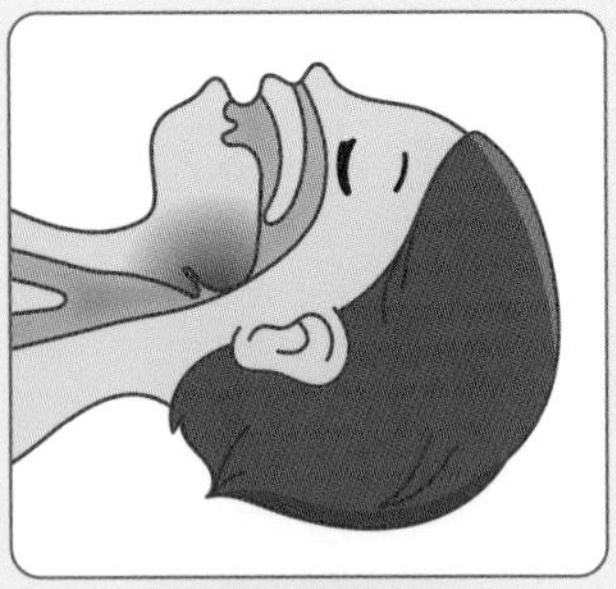

舌根沈下による
気道閉塞状態

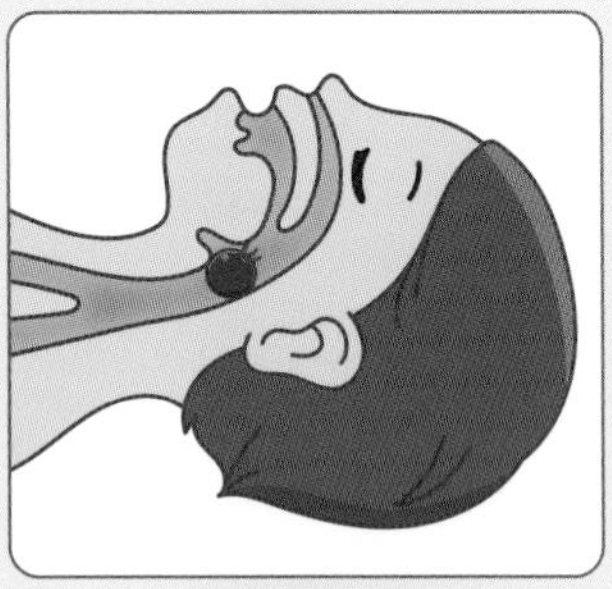

異物による
気道閉塞状態

気道確保の方法

頭部後屈あご先挙上法

救助者は、あご先を持ち上げるようにしながら、額を静かに後方に押し下げるようにして頭を反らせ気道を確保します。

○指で下顎の柔らかい部分を圧迫しないようにします。

○頭を極端に反らせないようにします。

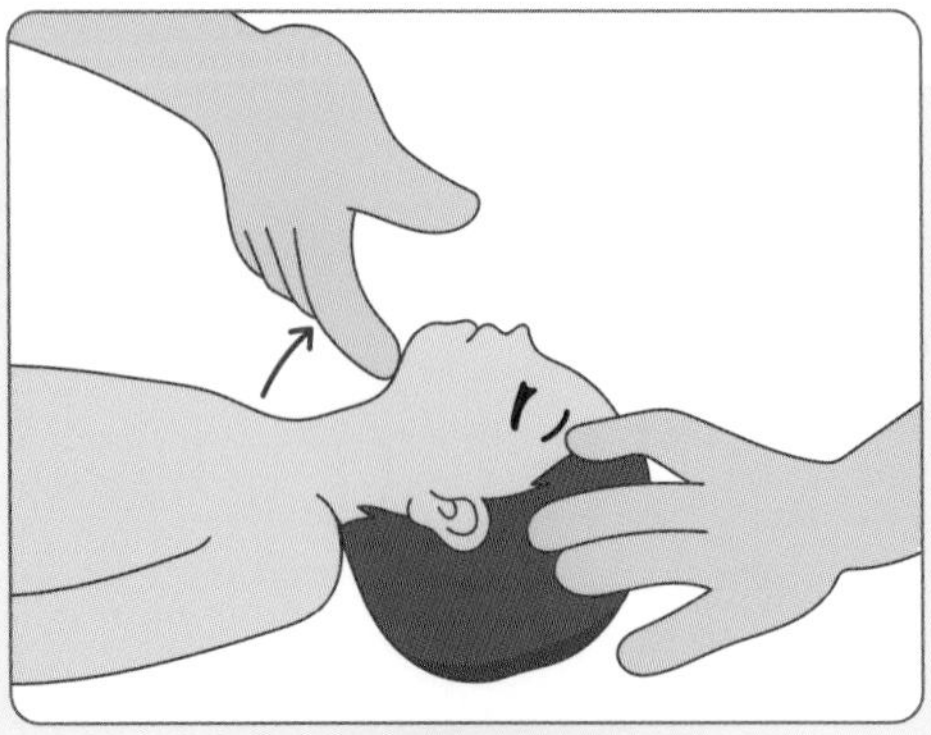

頭部後屈あご先挙上法

下顎挙上法

頸椎の損傷が疑われる場合は、頭部の後屈は避けて下顎挙上して気道確保します。

1 親指を除く手指を下顎底から下顎枝に当てます。

2 親指は両口角のやや下の下顎部に持っていきます。

3 下顎枝に置いた指で下顎枝を持ち上げ、いわゆる〝うけ口〟になるようにします。

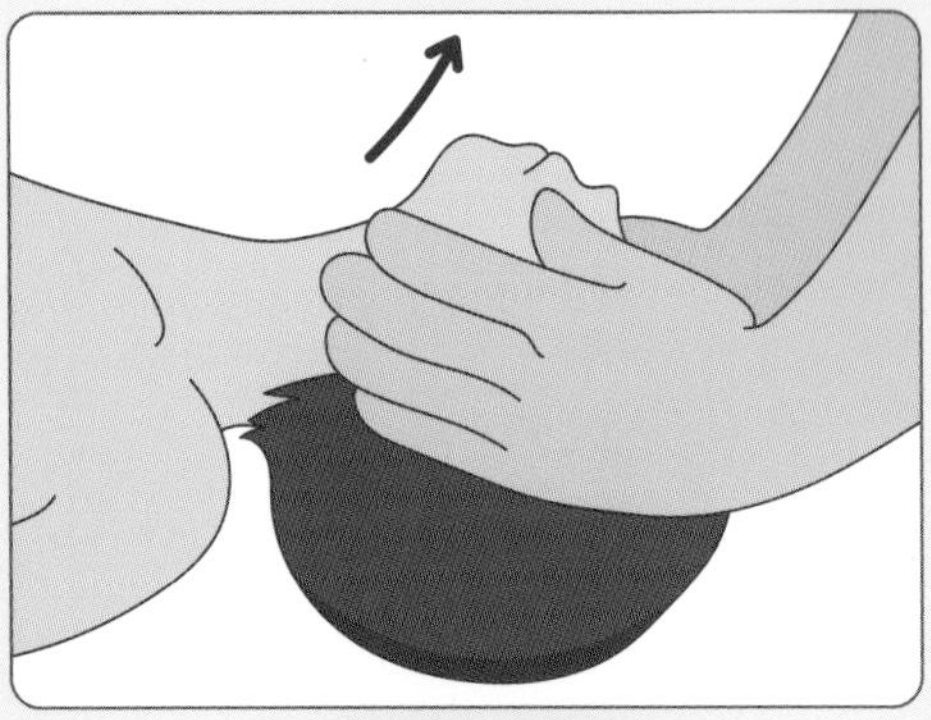

下顎挙上法

➡ 30ページ「気道確保の仕組み」も確認してください。

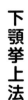

心肺蘇生の流れ

周囲の安全確認後、次のとおりに行います

- STEP 1 反応の確認 → 反応なし
- 助けを求める（AED依頼 119番通報）
  - 周囲に助けてくれる人がいなくても、自分で119番通報し、近くにAEDがあれば持ってくる。
- STEP 2 気道確保
- STEP 3 呼吸の確認 → 普段どおりの息なし
- STEP 4 心肺蘇生 → 胸骨圧迫
  - 人工呼吸（1秒間に2回吹き込む）

STEP 1 反応の確認

意識があるかないかを確認します。呼びかけに反応するかを確認します。乳児の場合は足のうらを刺激しながら呼びかけるときもあります。

＜ 反応がない場合 ＞

大声で助けを求め、119番通報とAEDの搬送を依頼します。その後、気道を確保します。

＜ 意識がある場合 ＞

問いかけに話ができれば傷病者の訴えを十分に聞き、必要な応急手当に着手して、悪化防止、苦痛の軽減に配慮します。

反応なし

- 協力者を求める
  - 119番通報
  - AED搬送依頼
- 気道確保

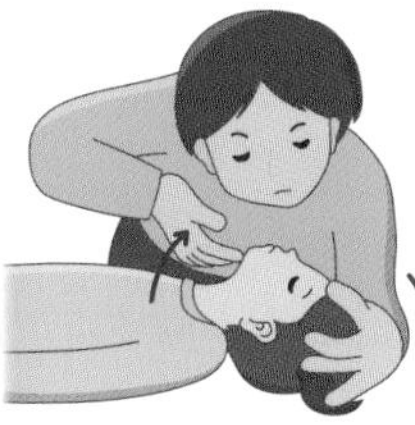

反応の確認を行う前に

周囲の安全確認

- 反応の確認を行う前に、傷病者に近づきながら**現場周囲の状況**が**安全であるか**確認し、可能な限り自らと傷病者の**二次的危険を取り除きます。**
- 傷病者が危険な場所にいる場合は、**自分の安全を確保**した上で、**傷病者を安全な場所に移動**させます。

STEP 3 呼吸の確認

呼吸があるかないかを確認するには、気道確保を行った状態で、傷病者の口元に自分の頬をできるだけ近づけ、普段どおりの息があるかないかを観察します。

呼吸音がしない、吐息を感じない、胸腹部の動きがないと確認したら **人工呼吸** を行います。

ポイント

1. 目で胸と腹に動きがあるかを見る　**見て**
2. 耳で呼吸の音を聴く　**聴いて**
3. 頬で吐息を感じる　**感じて**

呼吸なし

→ **人工呼吸を行う**

➡22~23ページ参照

「普段どおりの息」がないとは

息が普段どおりであるかの判断は難しいかもしれませんが、迷って心肺蘇生が手遅れになることは避けなければなりません。

①見て、②聴いて、③感じて、明らかに呼吸があるとわかるとき以外は、**「普段どおりの息」がない**と判断します。

また、**心臓が止まった直後**は、**しゃくりあげるような途切れ途切れの呼吸が見られます。**これは**「死戦期呼吸」**と呼ばれ、「普段どおりの息」ではないと判断して心肺蘇生を開始します。

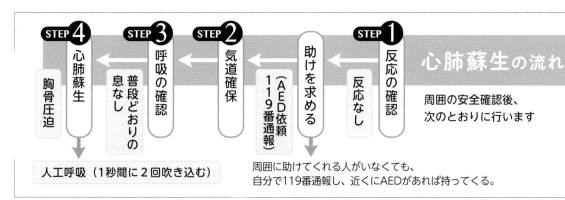

命を守る

子どもの大切な命を守るためには
救急車が来るまでが勝負です

人工呼吸

年齢区分による人工呼吸法の違い

対象	時間と人工呼吸の回数	吹き込む量	吹き込み方
乳児	約1秒かけて2回	胸の上がりが見える程度の量	口対口・鼻
小児			口対口

口対口・鼻人工呼吸法 乳児

●乳児の人工呼吸の方法

乳児（傷病者）の人工呼吸法は、口対口・鼻人工呼吸法が適しています。まず気道確保して、

1 救助者の口で、乳児の口と鼻を一緒にふさぎます。

2 胸の上がりが見える程度の量の息を1秒かけて2回静かに吹き込みます。

●乳児は胸や肺容量も小さいので、胸部の動きを見て、慎重に吹き込み量を調整します。

●吹き込む量が多いと、胃がふくらみ十分な効果が得られません。

口対口人工呼吸法 小児（1歳以上～8歳未満）

●小児の人工呼吸の方法

小児（傷病者）の人工呼吸法は口対口人工呼吸法です。

まず気道確保して、

1 おでこに当てた手の親指と人さし指で小児の鼻を閉じ、救助者は息を吸い込んで、1秒かけて静かに2回、小児の口に息を吹き込みます。

2 吹き込む量は、胸の上がりが見える程度を確認しながら、小児の肺に空気が入っているか慎重に吹き込み量を調整します。

手当が先か、通報が先か？

成人であっても、小児・乳児であっても、**通報を先**にします。協力者が周囲にいる場合、まず１１９番通報・ＡＥＤの依頼をしてください。

協力者がいない場合

小児・乳児	成人
↓	↓

１１９番通報・AED搬送が優先

〈参考〉

血液の循環の確認

乳児は首が短くて皮下脂肪が多いため、頸動脈に触れにくいので、上腕動脈（上腕の中央内側）または大腿動脈（股の付け根）に触れて確認します。

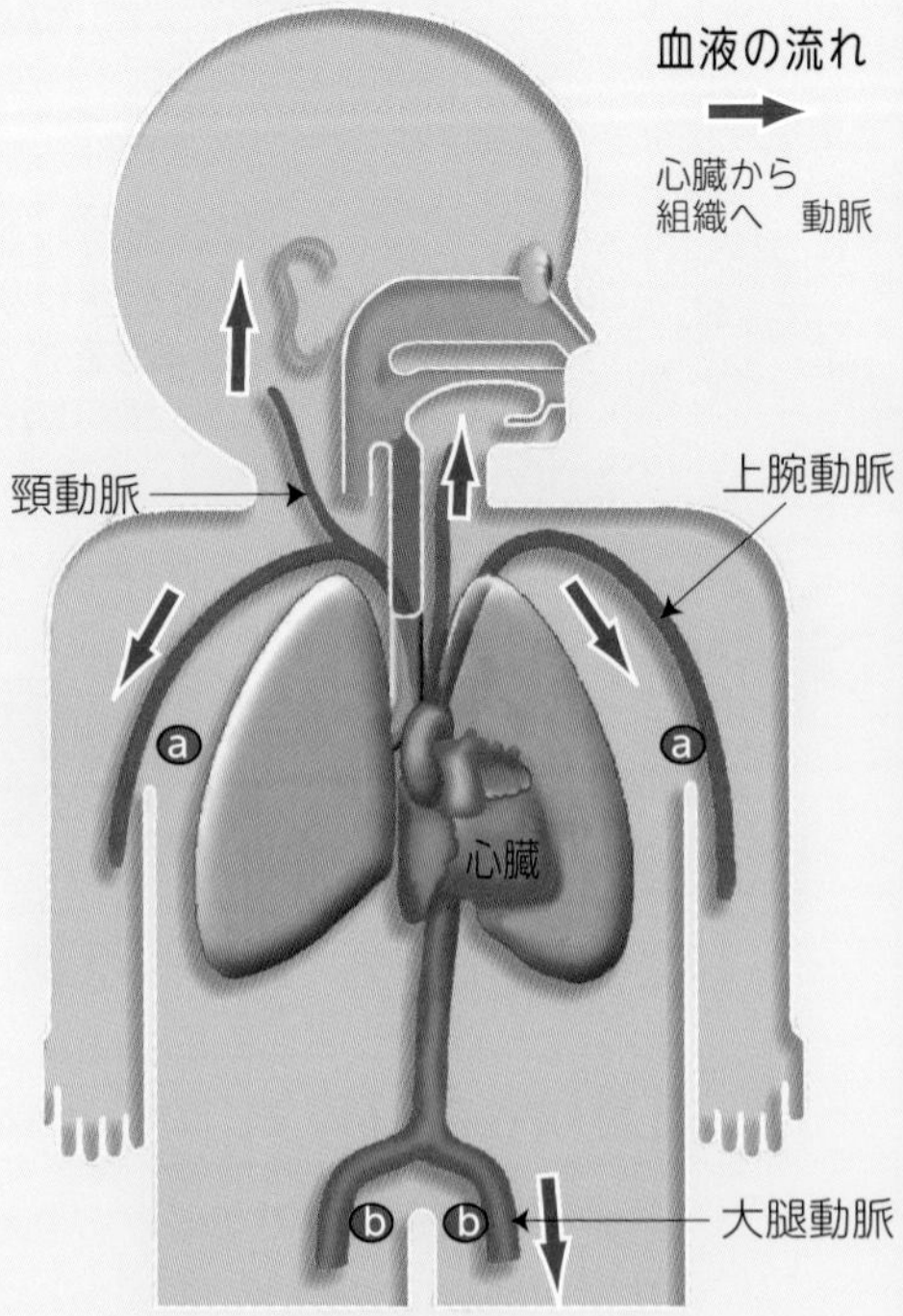

脈拍の触れるところ

ⓐ 上腕動脈 ⟶ 乳児・幼児
ⓑ 大腿動脈 ⟶ 乳児

AED

（自動体外式除細動器）

❶ AEDとは

AEDとは、Automated External Defibrillatorの頭文字をとったもので、自動体外式除細動器といいます。AEDは高性能の心電図自動解析装置を内蔵した医療機器で、心電図を解析し除細動（電気ショック）が必要な不整脈を判断します。小型・軽量で音声メッセージにより使用方法を指示してくれます。平成16年7月1日より、一般市民でも使えるようになりました。消防署では、AEDの使い方などを学ぶ救命講習を開催しています。

❷ 突然の心停止に有効です

心停止の原因の多くは、心室細動などの重症不整脈によって起きます。特に心室細動は心臓の筋肉が無秩序に震えている状態で、そのまま放置すると震えが止まり、電気ショックにも反応しなくなります。AEDは、心筋がばらばらに震えている時に電気ショックを与え、心臓のリズムを元に戻す働きがあり、突然の心停止には最も有効な手段です。

❸ 早期除細動は重要です

下のグラフにあるとおり、心停止後1分経過するごとに7～10%ずつ生存率が低下していきます。早期に除細動を行うことは、救命のためには必要不可欠です。

心停止から除細動までの時間と生存率

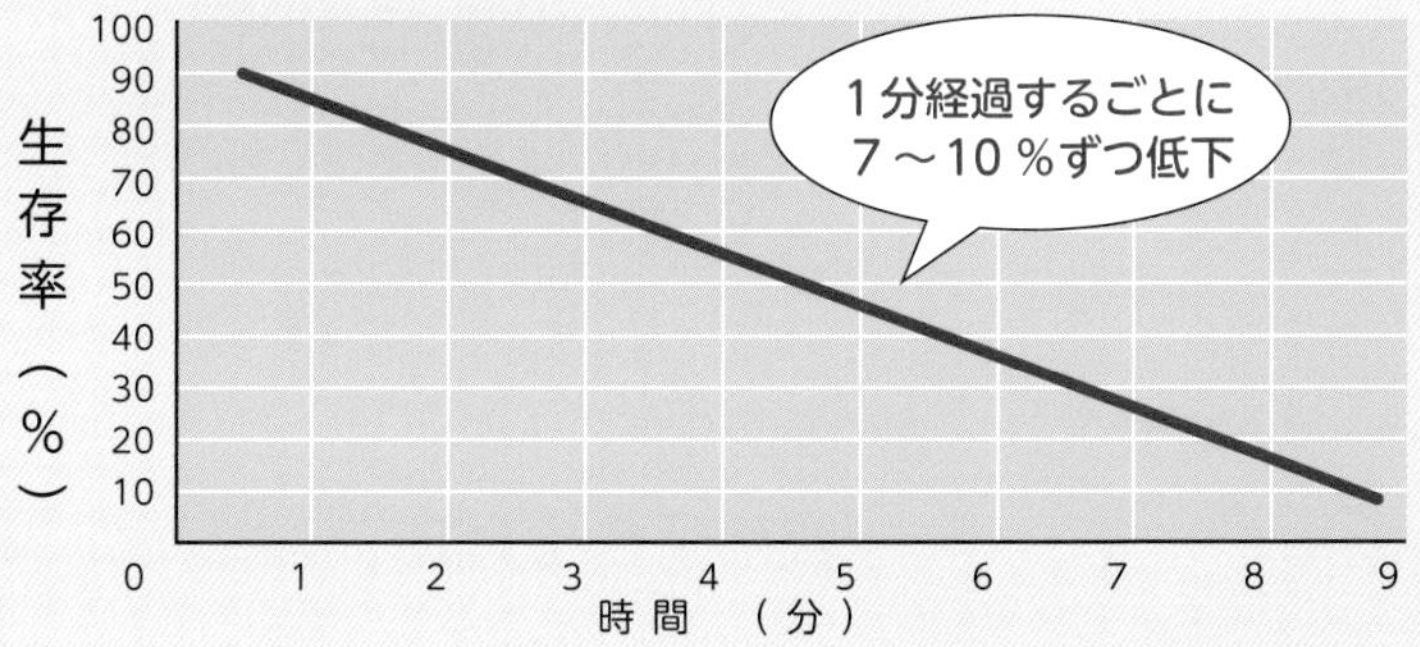

出典：「Guidelines 2000 for Cardiopulmonary Resuscitation and Emergency Cardiovascular Care」より

❹ 設置場所は？

AEDはイベントホール、スポーツ施設、空港、駅、デパート、ホテルなど、人が多く集まるところに設置されています。前述のとおり、AEDは救命のためには必要不可欠であり、今後ますます設置されていきます。

感染防止

- 人工呼吸を行うときは、感染防止に十分注意する必要があります。
- 人工呼吸を行うときは、傷病者の口や鼻が直接触れないよう人工呼吸用マウスピース（一方弁付）等の使用が推奨されます。
- 心肺蘇生を行う際、感染が心配で、口対口の人工呼吸がためらわれたり、人工呼吸用のマウスピース（一方弁付）等の準備に時間がかかりそうなときは、人工呼吸は行わなくても構いませんが、胸骨圧迫だけは必ず行うようにしてください。
- 胸骨圧迫を行うだけでも救命効果は向上します。

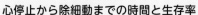

誤飲 食品でないものをごくんと飲み込んでしまったら

何を飲んだか確かめる

飲み込んだものを家庭で吐かせることは難しく、また、吐いたものが肺に入る危険性もあるため、原則として吐かせないようにします。

異物を飲み込んだら　○＝してよい　×＝してはいけない

品目	水か牛乳を飲ませる	その後の処置
たばこ(2cm以上は危険)、灰皿の水	何も飲ませない	すぐに病院へ
漂白剤、かびとり剤	○	すぐに病院へ
トイレ用洗剤、タイル用洗浄剤など	○	すぐに病院へ
医薬品	○	すぐに病院へ
ボタン電池	何も飲ませない	すぐに病院へ
マニキュア、除光液	何も飲ませない	すぐに病院へ
農薬、殺虫剤	何も飲ませない	すぐに病院へ
灯油、ベンジン、シンナー、ガソリン	何も飲ませない	すぐに病院へ
ガラスの破片、針、ヘアピンなど	何も飲ませない	すぐに病院へ
香水、ヘアトニック	○	病院へ
ナフタリン	牛乳は×	病院へ
芳香剤、消臭剤	○	病院へ
入浴剤、洗濯用洗剤、台所用洗剤	○	少量であれば様子を見ます。量が多い場合や心配な様子があれば病院へ
石けん、シャンプー、リンス	○	
クリーム、ファンデーション、口紅	○	
歯磨き剤	○	
蚊取り線香、蚊取りマット	○	
紙おむつ	○	
インク、鉛筆、クレヨンなど	○	

誤飲の処置がわからないときは、**かかりつけの医師や**

中毒「110」番へ

＊「中毒110番」は化学物質(たばこ、家庭用品など)、医薬品、動植物の毒などによって起こる急性の中毒について、実際に事故が発生している場合に限定し情報提供を実施しています。異物誤飲(小石、ビー玉など)や食中毒(細菌性)、慢性の中毒については受けつけていません。

(公財)日本中毒情報センター　https://www.j-poison-ic.jp

無料	**大阪中毒110番**	Tel.072-727-2499 24時間365日対応
無料	**つくば中毒110番**	Tel.029-852-9999 9時～21時365日対応
無料	**たばこ誤飲事故専用電話**	Tel.072-726-9922 (自動音声応答による情報提供) 24時間365日対応

相談するときのポイント
① 赤ちゃん・子どもの月齢・年齢
② いつ　③ 何を
④ どのくらいの量を飲んだか　⑤ 現在の容体

窒息への対応

気道異物除去の対象者

以下の症状を認めた場合、異物（食物など）による気道閉塞が疑われます。

- 首元をおさえるチョークサインを出している
- 声が出せない
- 顔色が急に真っ青になる

チョークサイン

咳をすることが可能であれば

咳が異物除去に最も効果があるので、できる限り咳をさせます。

咳もできずに窒息している

と思ったら、気道異物除去を試みます。

気道異物の除去

背部叩打法、胸部突き上げ法　乳児

手のひら全体で左右の肩甲骨の間を、異物がとれるまで強く叩きます（背部叩打法）。除去できなければ仰向けにして胸骨下半分の部分を胸骨圧迫の要領で4～5回圧迫します（胸部突き上げ法）。背部叩打法と胸部突き上げ法を、異物がとれるか救急隊と交替するまでくり返します。

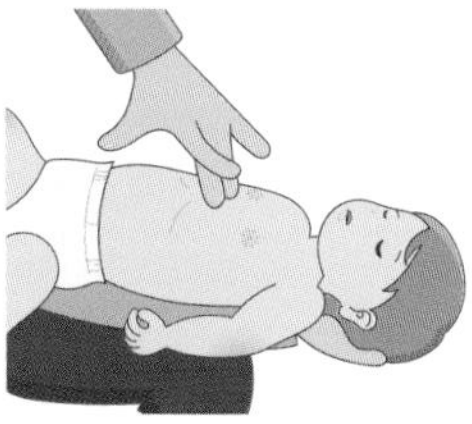

胸部突き上げ法

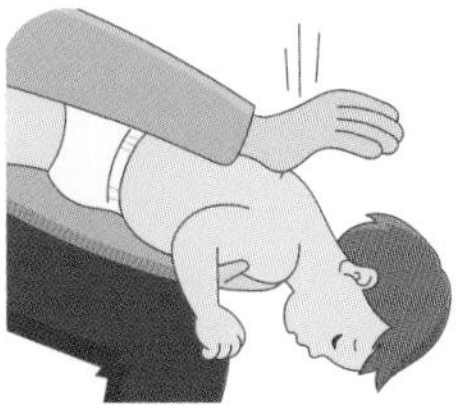

背部叩打法

腹部突き上げ法　小児（1歳以上）

両方の手をわきから通し、片方の手でこぶしをつくり、へそとみぞおちの中間部に当て、こぶしをつくった手をもう片方の手で握ります。からだを密着させてこぶしを斜め上方に瞬時に引き上げます。異物が出てきても内臓損傷の可能性があるので、医療機関を受診してください。

腹部突き上げ法

止血法

体重20kgの小児の場合、総血液量は約1.7Lくらいです。その20%くらいを失うとショック症状が出現し、急激に30%を失うと生命に危険をおよぼすことになります。ショックを防ぐためにも止血の手当が必要です。

止血の対象

止血の対象となる出血には、「動脈性出血」「静脈性出血」「毛細血管性出血」があり、生命に危険をおよぼす大出血は動脈からの出血です。多量の出血で、ショック状態になります。ただちに止血をしなければなりません。

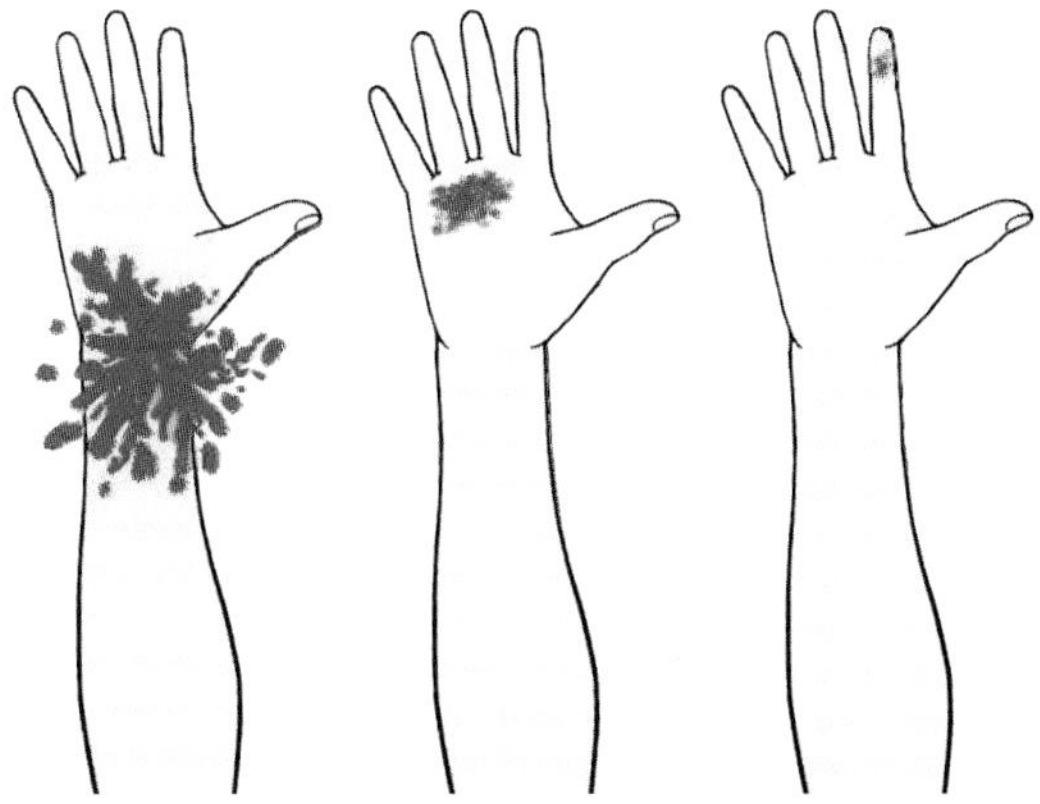

直接圧迫止血法

直接圧迫止血法が基本です。出血部に直接清潔なガーゼやハンカチなどを当て、手でしっかり押さえるか、包帯を少し強めに巻いて圧迫します。手足であれば、その部分を心臓より高く上げます。感染を防ぐため、直接血液に触れないようにビニール袋などで手をおおって止血します。

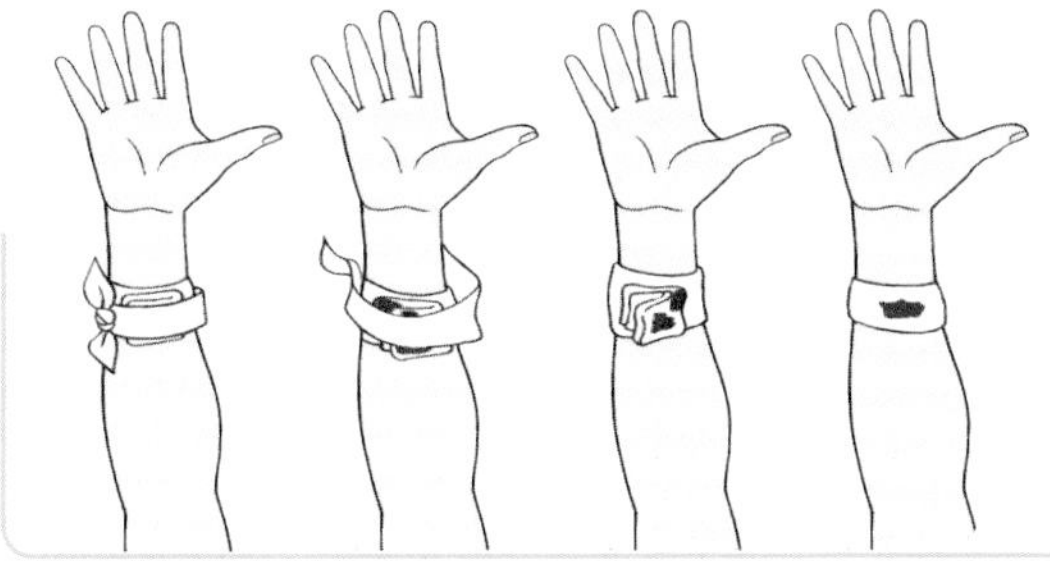

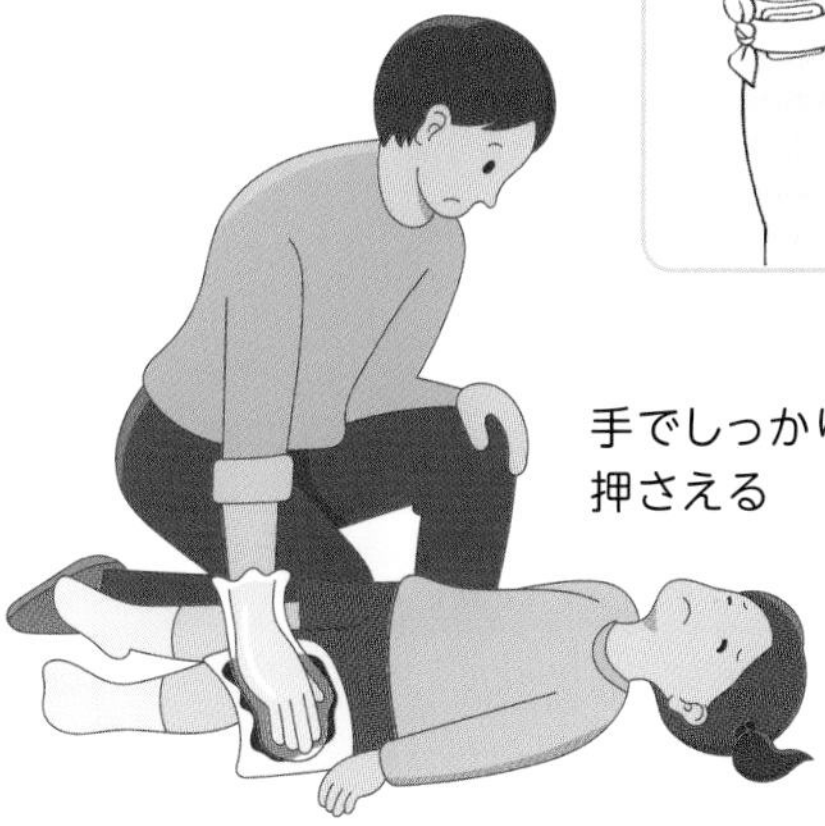

ショック症状（出血性ショック）

体内を循環する血液が急激に失われ、重要臓器や細胞の機能を維持するために必要な血液が得られないことで発生する種々の異常を伴った状態を「ショック」といいます。左記の様子が見られた場合は、救急車を呼ぶか診察時間外でも至急受診してください。

- 顔色が青ざめる
- 表情は、ぼんやり
- 冷や汗をかく
- からだが小刻みに震えている
- 皮膚が青白く、冷たい
- 脈拍は、弱くて速い
- 呼吸は、浅くて速い
- 吐息が生臭い

救急車を呼ぶまたは**診察時間外でも至急受診**

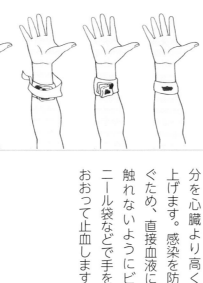

転んでけがをした

頭を打ったとき

●意識がない

床側の腕を伸ばして頭を置き、反対側の手で顎を支える。床側の脚は伸ばし、反対側の脚を曲げて横向きの姿勢を安定させる。

●耳や鼻から、血や水のような液体が流れている

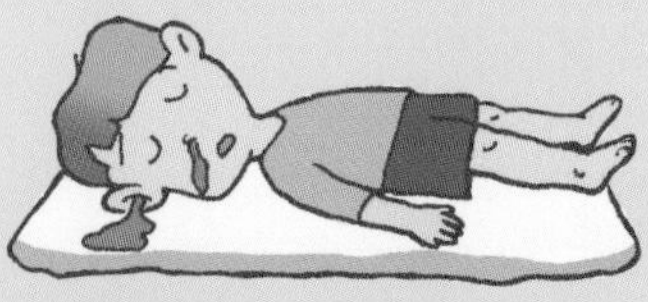

液が出た側を下向きにする。

- ●吐く
- ●呼吸が荒い
- ●ひきつける
- ●普段はかかない、いびきをかく
- ●うとうとして、顔色が悪い
- ●光をまぶしがっていやがる

↓

救急車を呼ぶ（119番通報）

●すぐに泣きやんで、その後きげんも良く、食欲もいつものとおりにある

対応

頭を打った当日は安静にして、入浴は控える

↓

2～3日安静にして、様子を見守ってみる

↓

いつもと様子が違えば、病院へ行く

胸やおなかを強打したとき

●一時的に意識が薄れ、呼吸も苦しそう

対応
- ●衣類をゆるめて、楽に呼吸ができるようにする
- ●静かに寝かせて、様子を見る

↓

深呼吸や咳をするときに痛がる

↓

早めに受診する

●打ち身やあざ（皮下出血）ができた

対応

氷水に浸したタオルで冷やす

↓

様子を見る

- ●顔色が青い
- ●腹痛がある
- ●吐く
- ●血尿が出た

↓

救急車を呼ぶ（119番通報）

119番を呼ぶ！

救急車を呼ぶ

事故！
まず、自分自身が
落ち着いてください

119番を押してください ➡ つながったら、「救急です」と告げます

協力者を求めます
1人が患者につきそい、
協力者が救急車を誘導します

応急処置などを指示されたら、それに従います

落ち着いて
- ●自分の名前
- ●所在地・目標物
- ●電話番号
- ●患者名
- ●いつ・どこで・どうしたか
- ●容体

を知らせてください

応急手当を行う場合のポイント 突然の事故で気が動転するのは仕方ありません。自分自身の気持ちを落ち着かせて行動するようにします。次に、事故にあった子どもを落ち着かせましょう。それから痛い部分、つらい部分などを聞きます。そして、できたら近所の人など、周囲の人に協力を求めてください。

●子どもを守る「安全な環境づくりのキホン」は ➡ 28～29ページ、誤飲・窒息の予防は ➡ 32ページを確認してください。

やけど

対応

- すぐに患部を流水で冷やす（15分以上）
- 広範囲の場合は10分以上の冷却はさける（体温低下をさける）
- 衣服の上から水をかけてもよい

●軽症で小さい範囲のやけどは、15分以上冷却を継続します（冷却をやめたあと傷が温かくなり痛みを感じ始めたら、再び冷却を行います。このくり返しをしばらく続けます）。

やけどで皮膚が白や黒褐色に変色したら、すぐに受診する

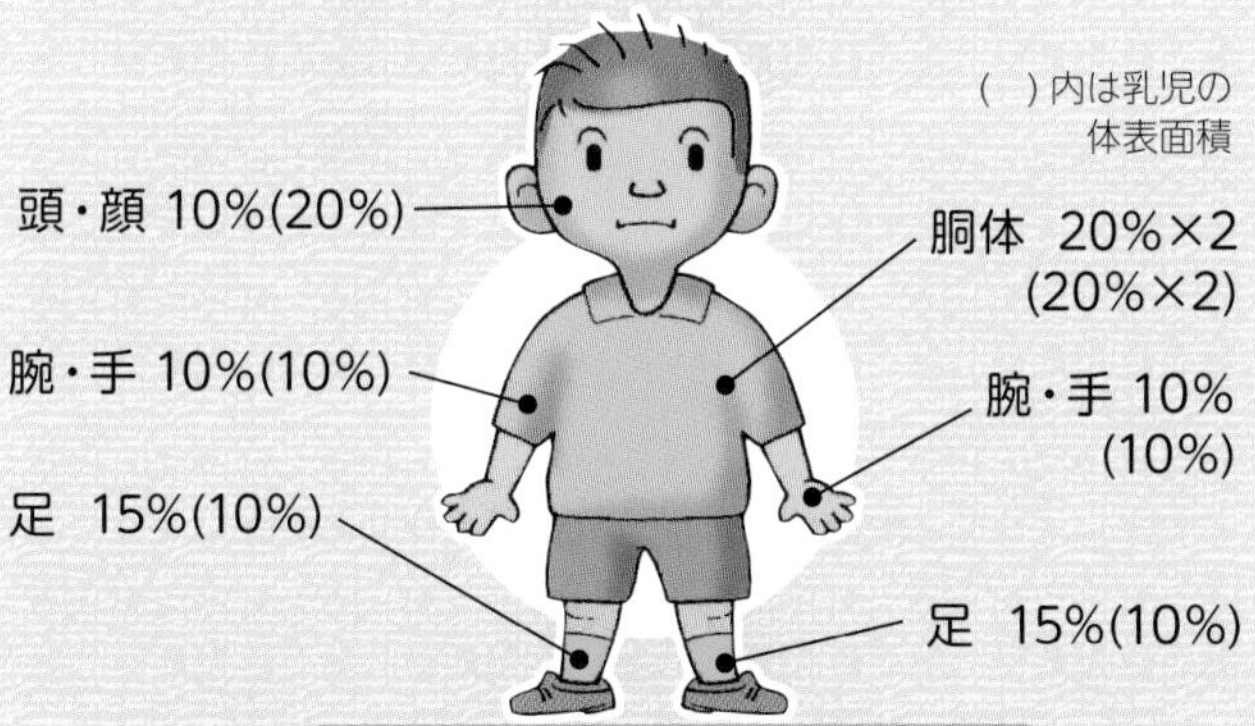

危険なやけどの範囲

- **10%以上の範囲のやけどは重症**
- **患部を冷やしながら救急車を呼ぶ**

やけどの範囲がせまくても

状態	対応
痛みがとれて、水ぶくれもない 痛みもなく、皮膚が赤くなる程度	様子を見る
顔・頭・指の関節部分のやけど 水ぶくれができたとき 皮膚がジュクジュクしているとき 低温やけどをしたとき	氷のうなどで患部を冷やしながら早めに受診する

医師の診察を受けるまで、患部には何もつけない。水ぶくれができたときは、つぶさないように。

防ぐために

- テーブルの上の熱いものが倒れないように、テーブルクロスははずすか、しっかり取りつけましょう。
- マッチやガスライターなどは、子どもの手の届かないところに置きましょう。
- やけどを防ぐために、シャワーの設定温度を低くしておきましょう。
- 花火遊びでは、大人がつきそい、ふざけさせない――など。

おぼれた

水から引き上げる

↓

- 反応がない
  ↓
  - 大声で助けを呼ぶ
  - 協力者に119番通報とAEDの搬送を依頼する
  ↓
  対応 気道確保 ➡20ページ参照
  ↓
  普段どおりの息がない
  ↓
  対応 心肺蘇生を行う ➡21~22ページ参照
- すぐに大声で泣けばひと安心
  ↓
  念のため受診する

防ぐために

- 遊び終わったらビニールプールの水は、抜いて空にしましょう。
- 池や川などに行くときは、ライフジャケットをつけて、子どもから目を離さない。

皮膚の構造

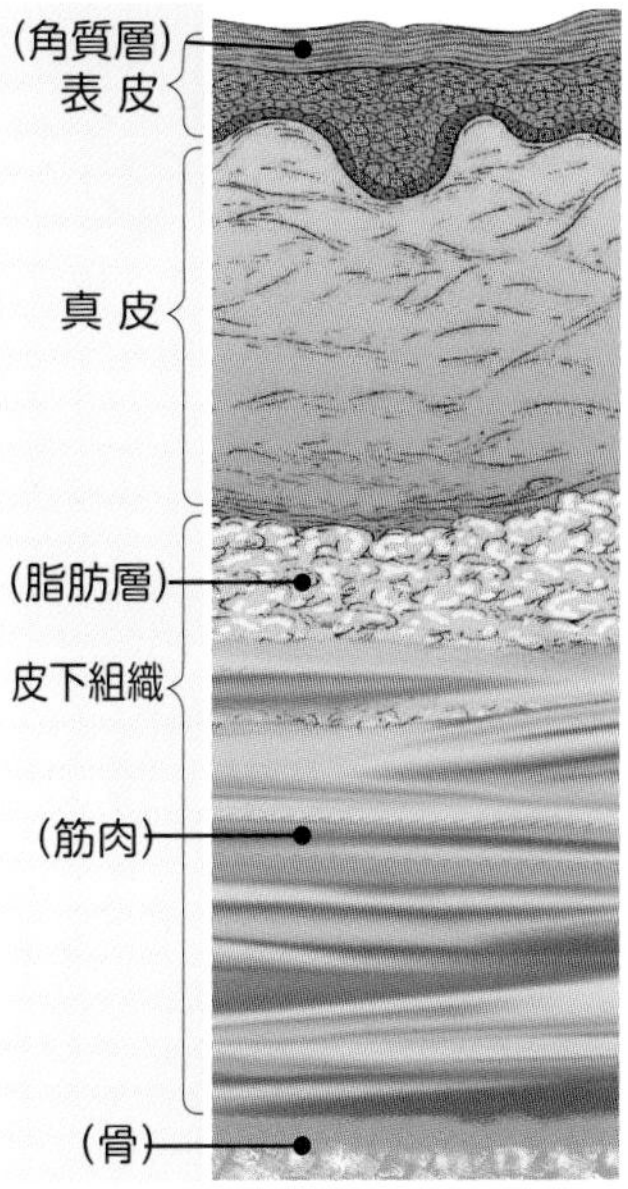

Ⅰ度：表皮を損傷するのみ

◎やけどしたところがヒリヒリして赤くなる。

◎痛みがとれると、皮膚は茶色になり、数日で皮がむけてなおる。

Ⅱ度：皮膚の真皮の損傷

◎灼熱感がある。

◎水疱ができる。水疱が破れると細い神経が露出されるので痛みが起こり、ただれた状態になる。

◎ただれた部分は、かさぶたができ黒褐色になり、かさぶたがとれてあとかたもなくなるものと、真皮の深いところに達して瘢痕（はんこん）をつくるものの2種類がある。

Ⅲ度：皮膚全層の損傷

◎やけどした面は、壊死（えし）してかさぶたとなり落ちてしまう。

◎ひきつれやケロイドがのこる。

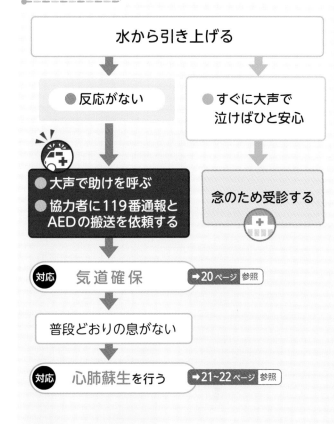

安全な環境づくりのキホン

おうちの中での事故から子どもを守るには、**日ごろからの安全対策**が必須。
市販の安全対策グッズなどを活用しましょう。

リビング

ストーブは囲いをつける

ストーブやファンヒーターの吹き出し口に触るとやけどします。囲いを設けて近づけないようしましょう。

リビング

テーブルの角はガードする

テーブルの角にぶつけると額などを切ったり、こぶになったりすることも。テーブルの角には、専用のガードをつけます。

リビング

キャスターつきワゴンなどにはストッパー

キャスターつきのものは、必ずストッパーをかけておきます。子どもが押して転倒した拍子に、けがをすることもあります。

階段・キッチン

ベビーゲートをつける

階段から転落しないように上と下にベビーゲートをつけましょう。やけどなどの事故が多いキッチンの入り口にもベビーゲートを。

リビング

扉での指はさみ

子どもが扉の近くにいるときは、開閉に十分注意します。ちょうつがいにはカバーをつけましょう。玄関も同様です。

リビング

引き出し・扉はロックする

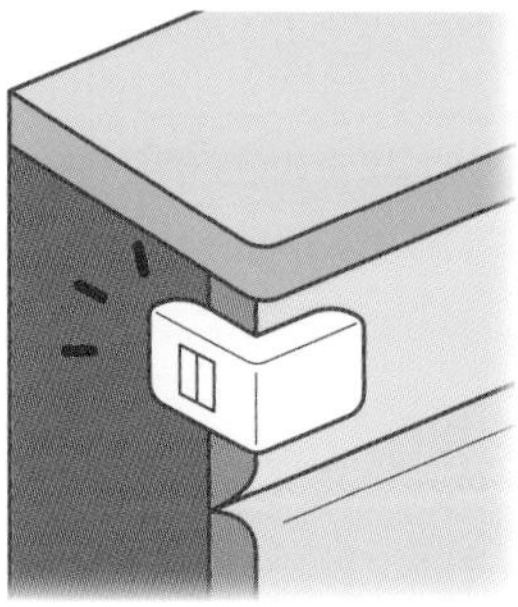

引き出しや扉に指をはさんだり、なかに入っているものを口に入れて誤飲事故につながることも。事故を防ぐには、チャイルドロックなどをつけて対応します。

リビング

電気コード・コンセントはガード

床に配線がむき出しになっていると、足をひっかけて転ぶ原因に。配線カバーを取り付けましょう。コンセントもいたずらして感電しないように、コンセントカバーをつけます。

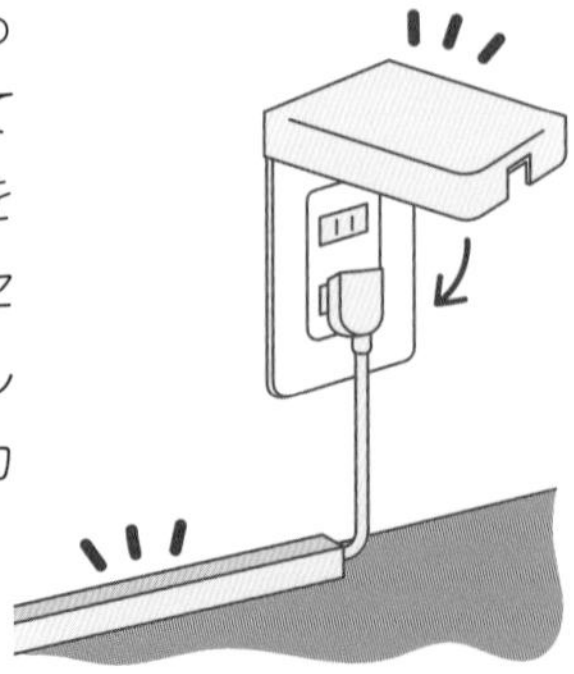

食品や磁石にも注意！

食品による窒息

食品をのどに詰まらせて、窒息する事故も多発しています。とくに次のような食品に注意しましょう。また食べながら走り回ったり、寝転がったり、何個もほおばったりするのも窒息の原因になるので、食事のときの行動にも注意が必要です。

のど詰まり注意

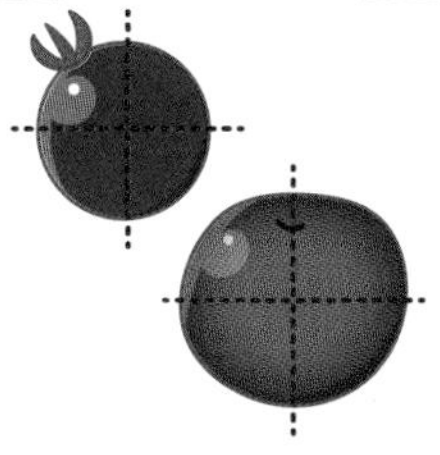

- プチトマト、ブドウなど丸くてつるっとしたものは4分の1以下の大きさに切って与える。
- ピーナッツは6歳になるまで与えない。
- もち、パン類などはひと口量ずつ与え、口に詰め込まないようにする。
- リンゴ、肉類などは1センチ程度に小さくする。
- エビ、イカ、貝類は2歳以下には与えない。

磁石などの誤飲

強力な磁石がついたおもちゃ、吸水樹脂ボール、ボタン電池などの誤飲にも注意しましょう。これらを誤飲した場合、胃や腸に穴が開いたり腸閉塞を起こしたりするため、開腹手術が必要になることがあります。子どもの手の届かない場所に保管しましょう。

コラム 夏の室温は28℃を目安に

水分補給も大切

乳幼児は体温調節機能が未熟なため、大人よりも熱中症にかかりやすいといえます（5ページ参照）。夏はエアコンを使うなどして室温を28℃程度に保ち、扇風機も上手に活用しましょう。こまめな水分補給も大切です。

また外出時も、身長の低い乳幼児は地面からの照り返しの影響を受けやすいため注意が必要です。ベビーカーに乗せているときは、ときどき様子をチェックしてください。

浴室

浴室を使わないときはカギをかける

シャンプーなどの誤飲や、残り湯でおぼれるなどの事故を防ぐためにも、子どもが１人でバスルームに入らないようにカギをかけることを習慣にしましょう。洗い場は、滑って転ばないように滑り止めマットを敷きます。

洗面所

洗濯機は使わないときもロックする

ドラム式洗濯機の中に、子どもが入って閉じ込められてしまい、窒息した事故もあります。そのため運転停止中もロックをしましょう。ロック機能がついていない場合は、洗濯機が置いてある場所に、子どもが１人で入らないようにカギをかけます。

ベランダ

ベランダには足場となるものを置かない

転落を防ぐために、ベランダには足場となるものを置かないようにします。ベランダや広く開く窓は、できたらダブルロックにします。窓の近くにも、足場となるものは置かないこと。

●誤飲・窒息の予防は ➡ 32ページを確認してください。

応急手当のための参考グッズ

気道確保の仕組み

※コピーしてご使用ください。

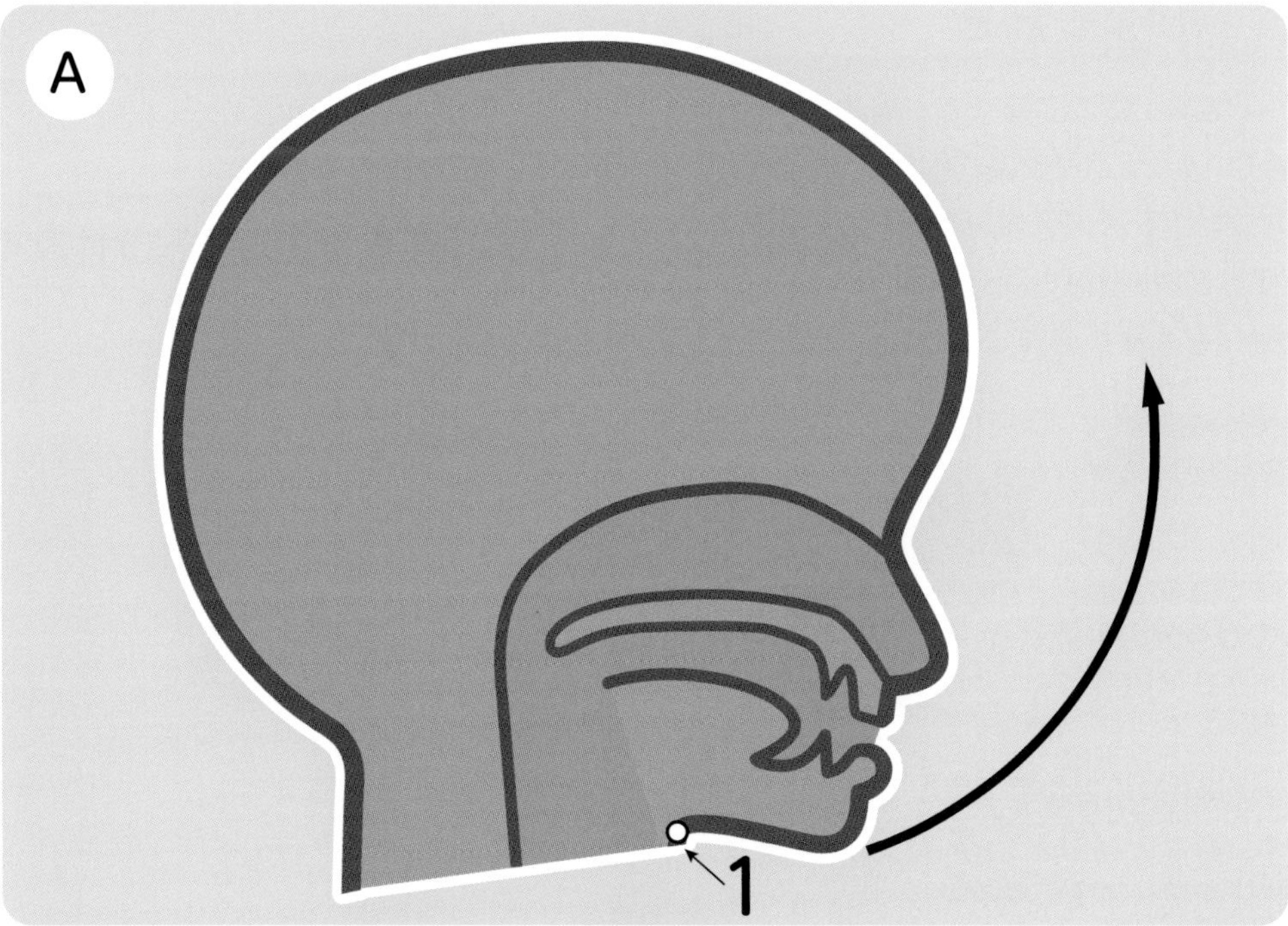

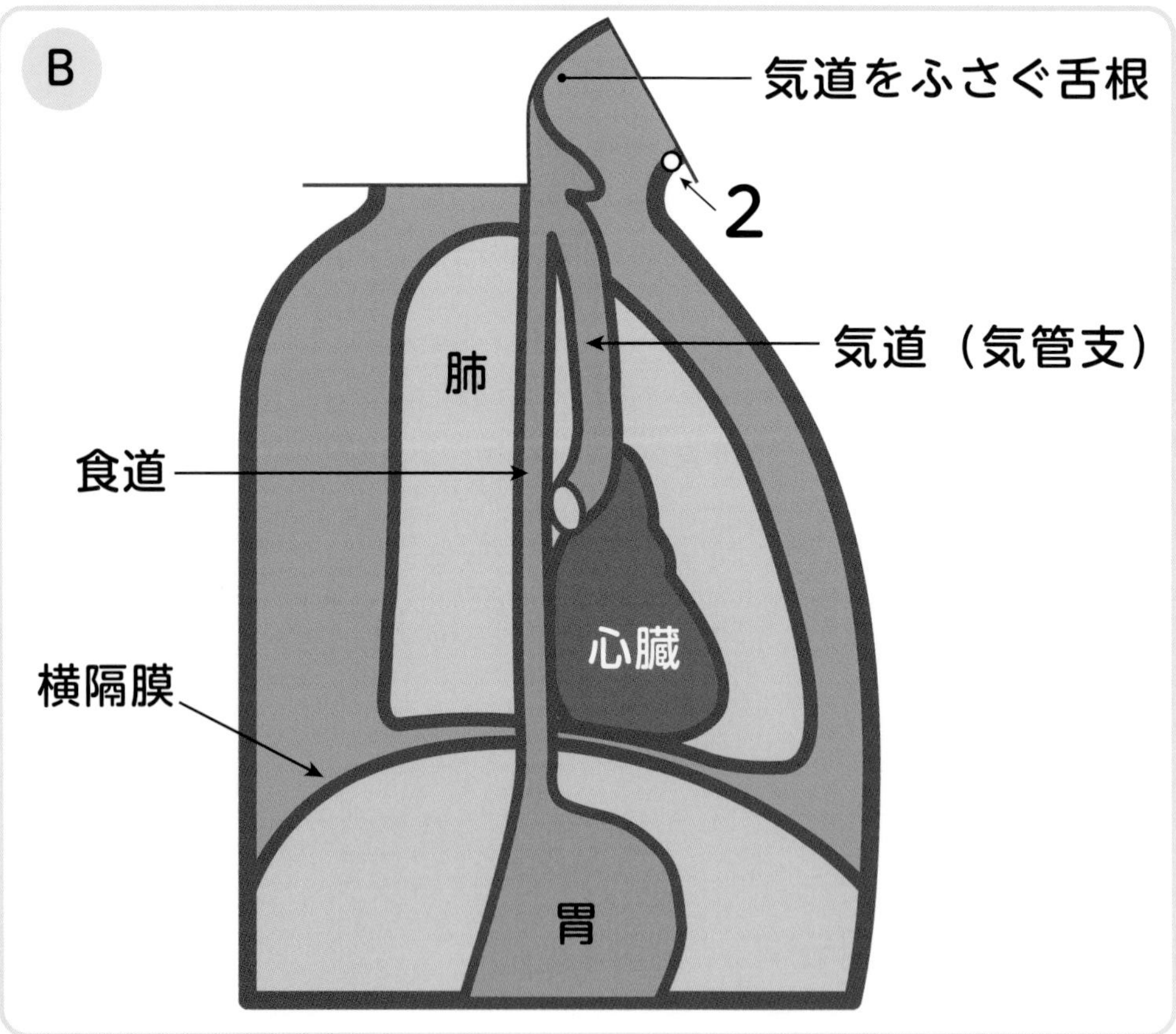

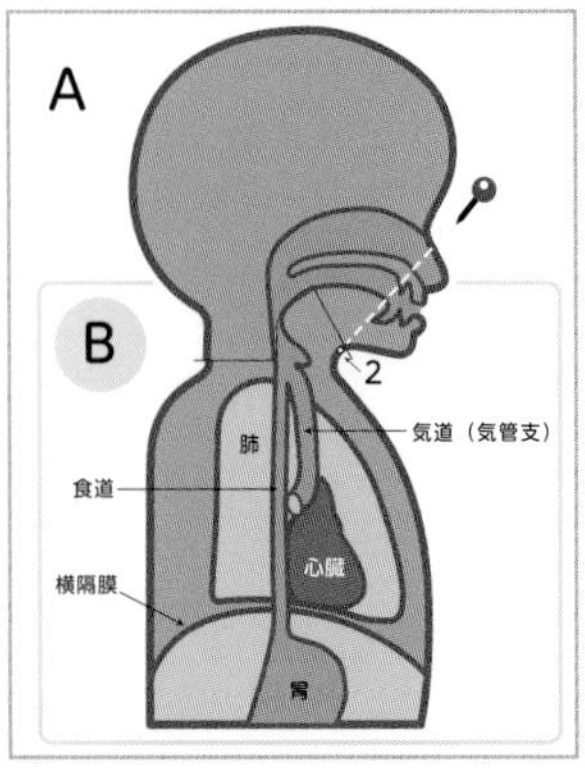

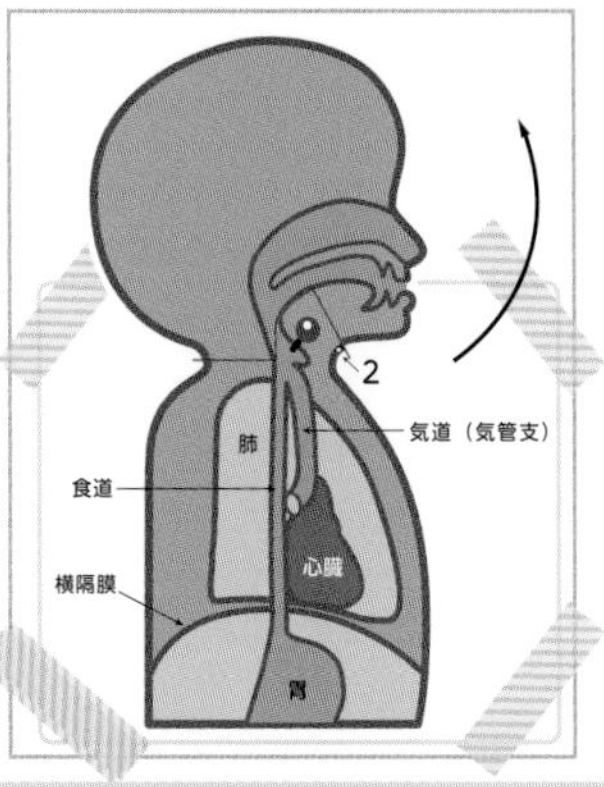

①Aを人の輪郭に沿って切り抜きます。
②Bは赤い線に切り目を入れ、Aを差しこみ
　1と2を合わせて画びょうで止めます。
③Bを固定して、画びょうを支点にし、Aを
　矢印の方向に動かします。
ふさがれていた舌根が開く様子がわかります。

子どもの安全を守るためには、まず発達段階における子どもの特性を十分に理解しておく必要があります。その特性の一つに視野(※)がせまいことがあげられます。

幼児視野体験メガネ

幼児視野体験メガネを組み立て、家の中などで幼児の目の高さになり、視野のせまい幼児の世界を体験しましょう。

※視野…危険を察知するのに必要な距離感や立体感を感じとれる両眼視野のこと。

子どもの安全を守るためのポイント

1.子どもの特性を知っておきましょう

・一つのものに注意が向くと、周りのものが目に入らなくなります。
・ものごとを単純にしか理解できず、また、そのときどきの気分によって行動がかわります。
・「あぶない」とか「注意しなさい」という抽象的な言葉では理解できません。
・場面場面に応じた行動ができません。
・大人がそばにいると、それに頼る気持ちが強くなります。
・子どもは大人にくらべて1/2程度の視野しかありません。

2.子どもへの指導は

・言葉で教えるだけでなく、具体的に教えましょう。
・何度もくり返して教えましょう。

幼児視野体験メガネ

(チャイルド・ビジョン)

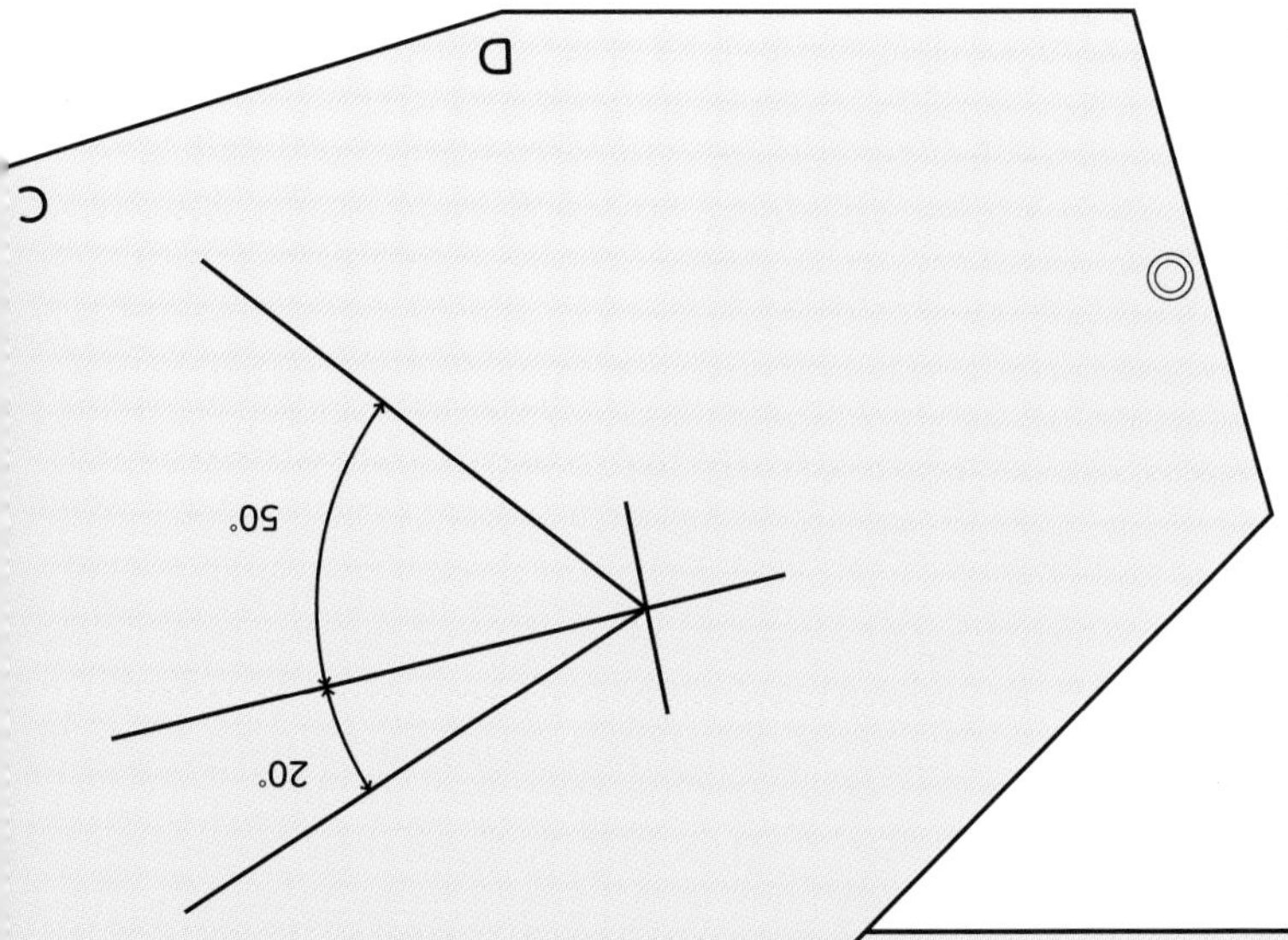

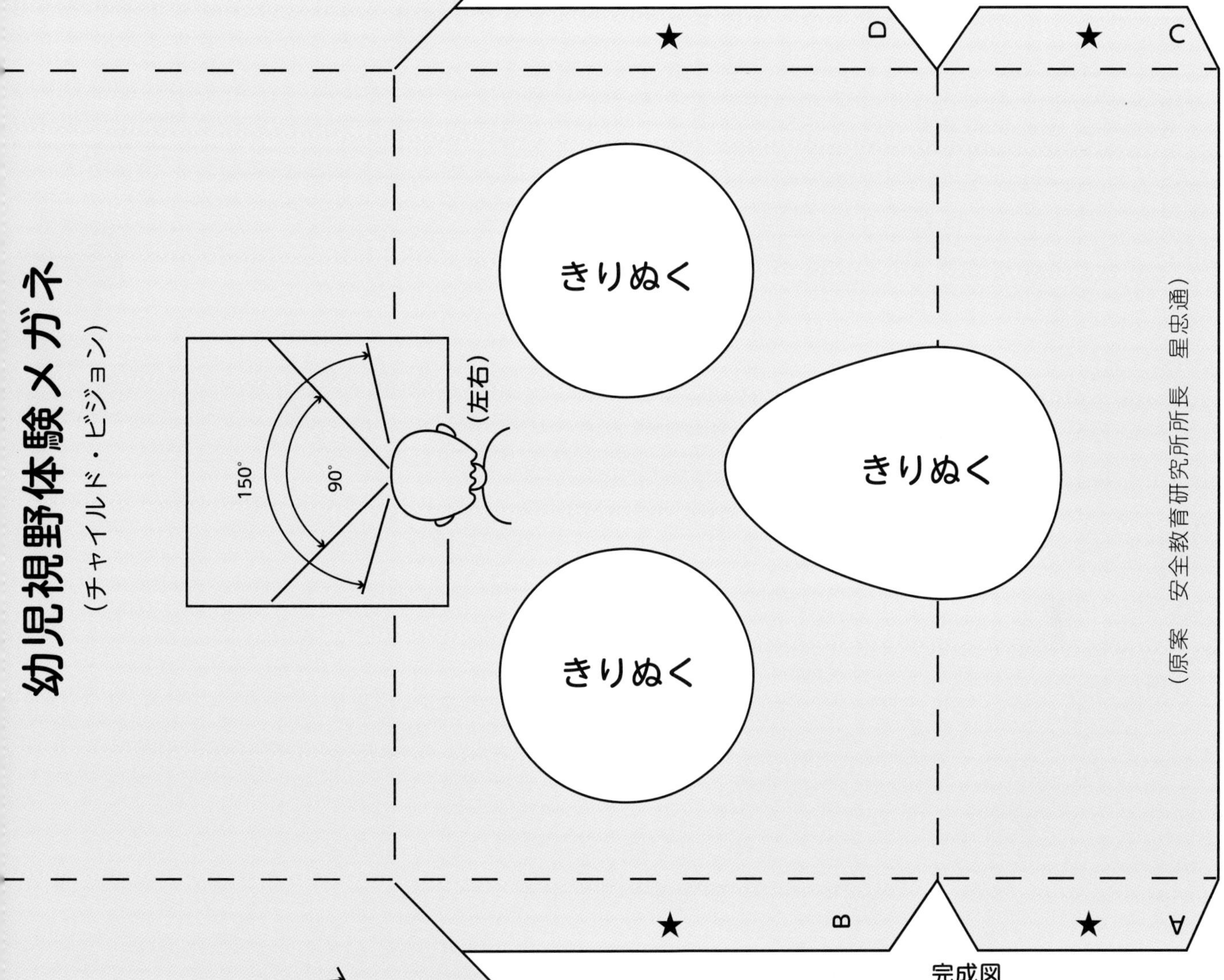

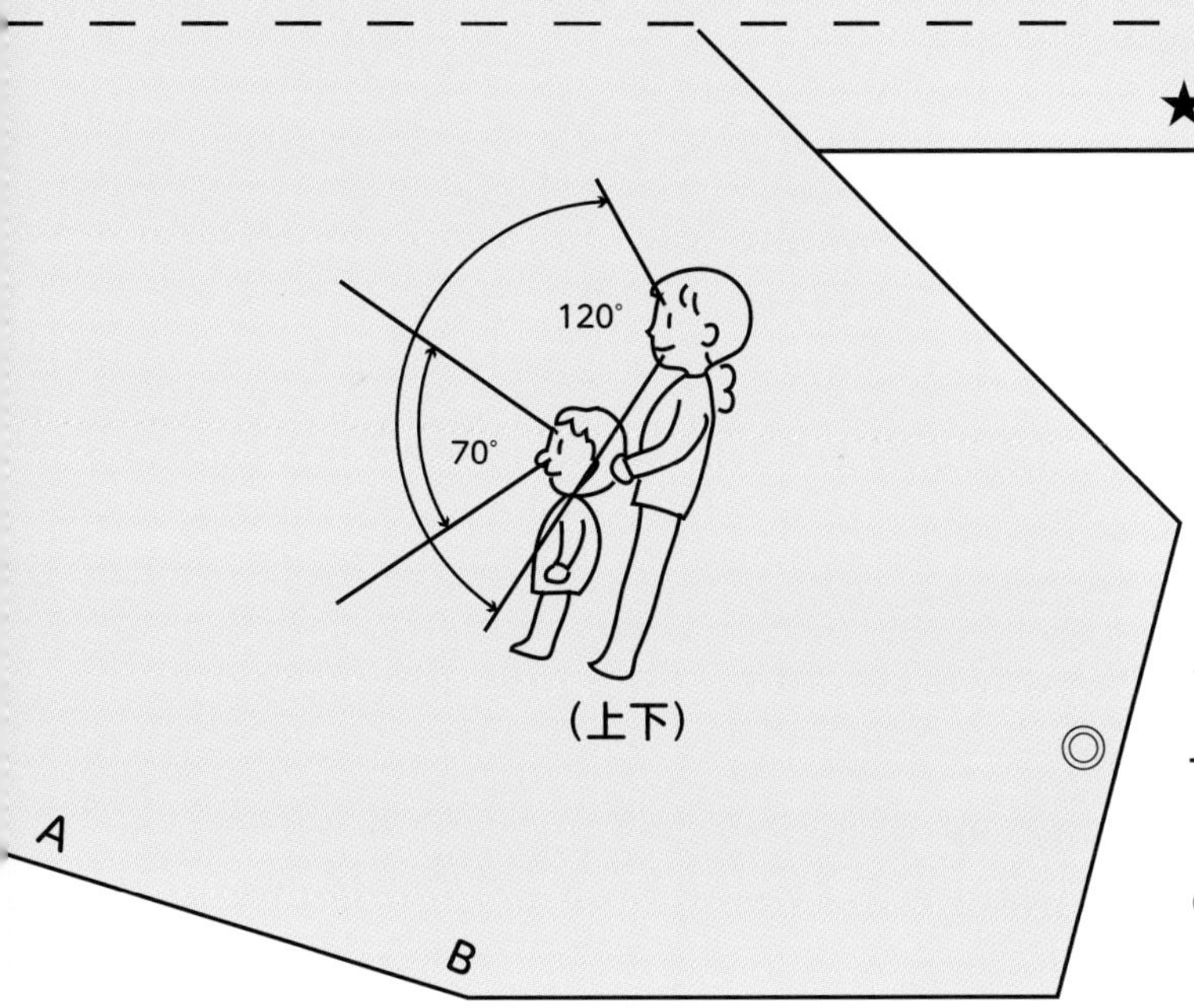

完成図

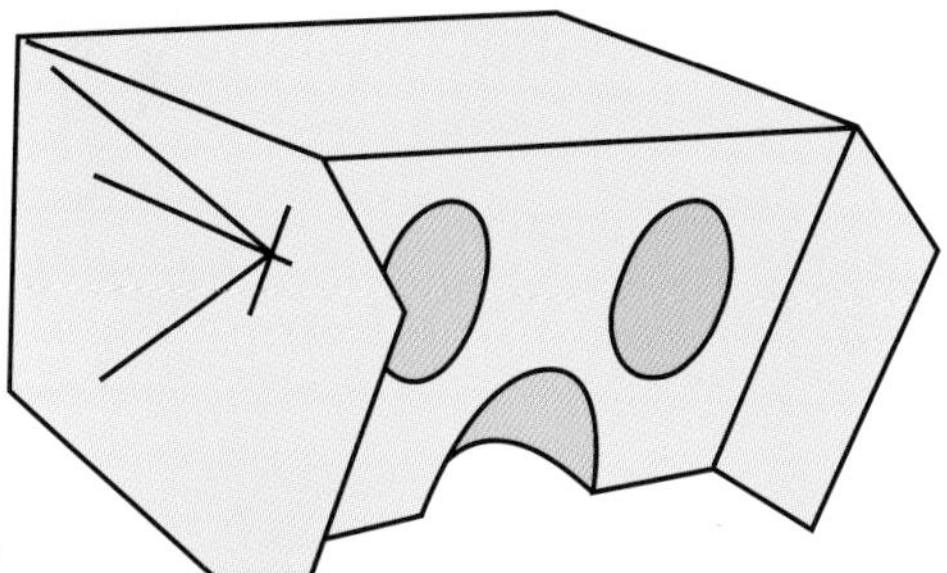

作り方

———— 切りとり線　－ － － 折り線　★のりしろ

・ABCDそれぞれを合わせる
◎のところに輪ゴムを通し、メガネのようにする

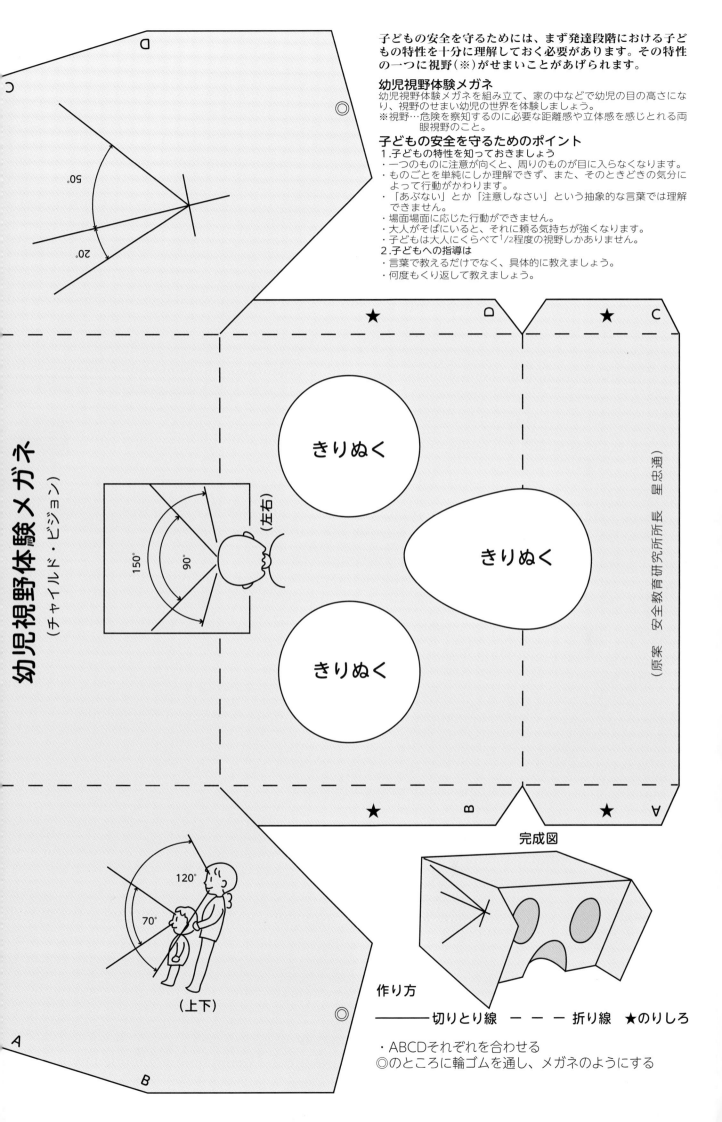

誤飲・窒息を防ぐために

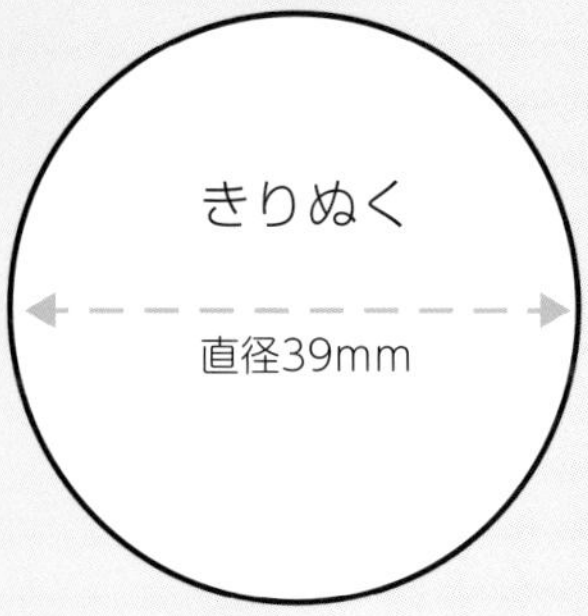

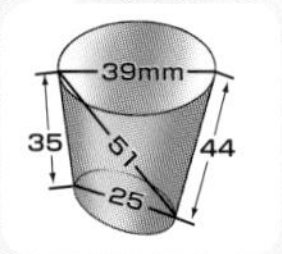

出典：(一社) 日本家族計画協会

左図は3歳児の開口時の最大口径を表しています。

この円 (直径 39mm) の中を通るものは小さな子どもの口の中に入ります。なお、下図の筒の中に入るものは誤飲や窒息のおそれがあります。

*赤ちゃんや小さな子どもは手にしたものをすぐ口に入れてしまいます。たばこ、硬貨などの小物は赤ちゃんの手が届かないよう、床面より1m以上の高さに置くようにしましょう。また気管支に入るのを防ぐため、6歳になるまでピーナッツなど乾いた豆類は食べさせないようにしましょう。

胸骨圧迫

乳児・小児の胸骨圧迫の方法

ⓐ **乳児**は
指先2本で
圧迫します。

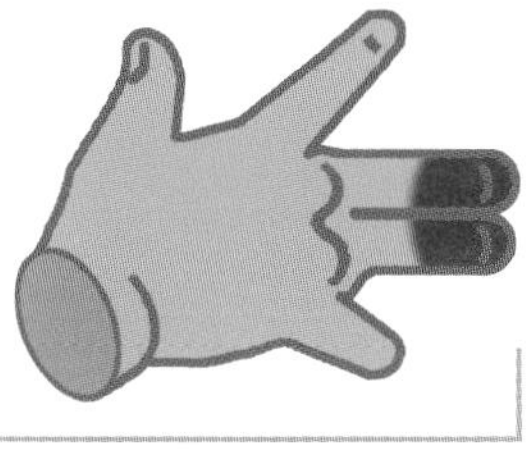

ⓑ **小児**は
片手の手の
ひらの根元で
圧迫します。

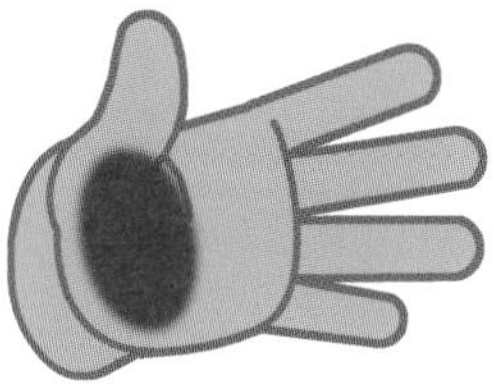

乳児・小児の
胸骨圧迫の圧迫位置

(21ページ参照)

ⓐ 乳児の圧迫点

ⓑ 小児の圧迫点

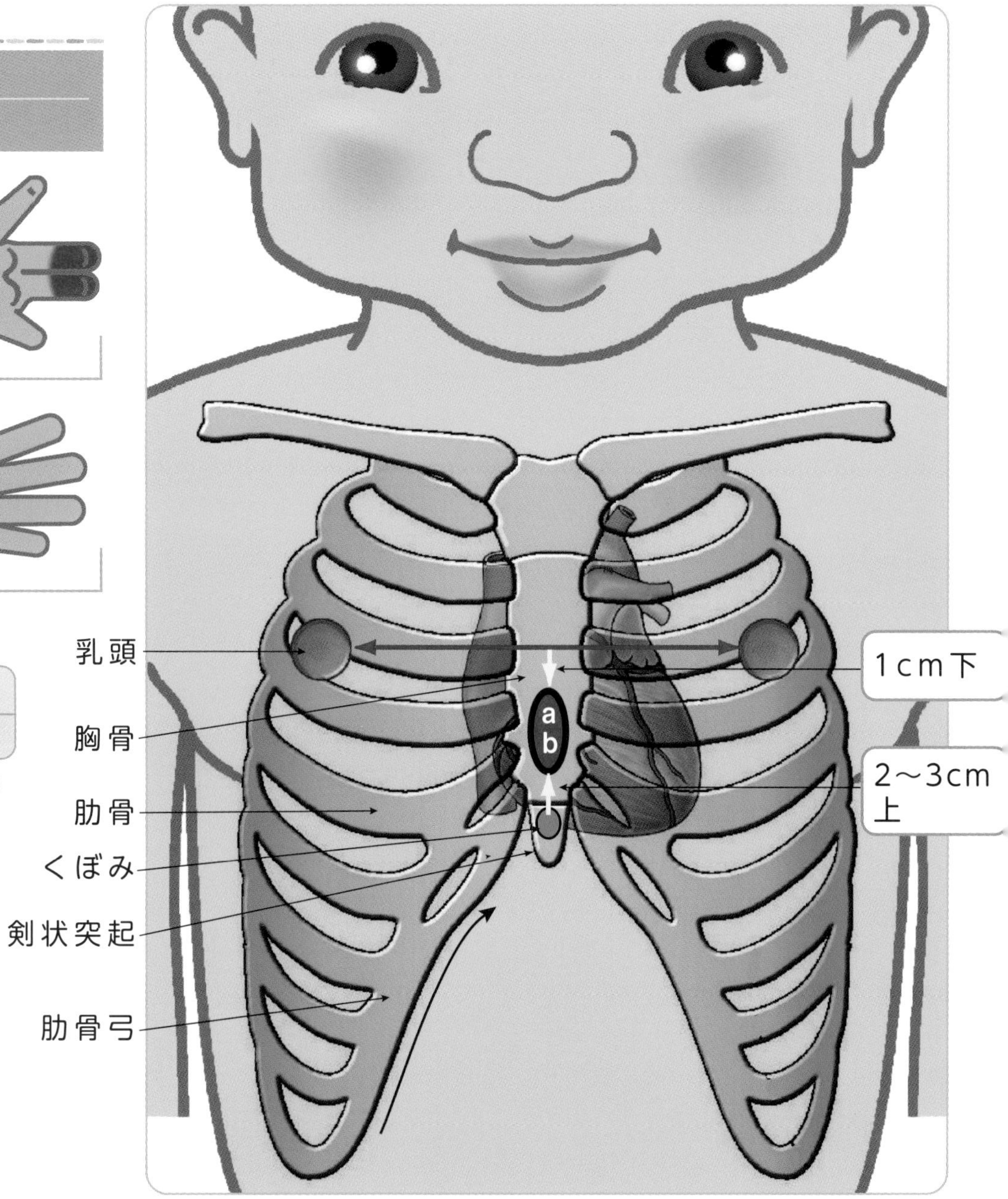

気道確保

↓

心肺蘇生

1分ごとに脈拍の確認
(息をふき返すか、救急隊員に
受け継ぐまでくり返し行う)

小児・乳児の心肺蘇生の回数とリズム

反応がなく、息をしていなかったら、すぐに胸骨圧迫を行います。
救急隊と交替するまで続けます。 (21〜23ページ参照)

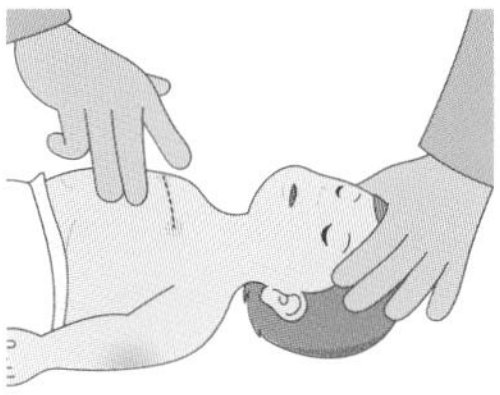

乳児の胸骨圧迫

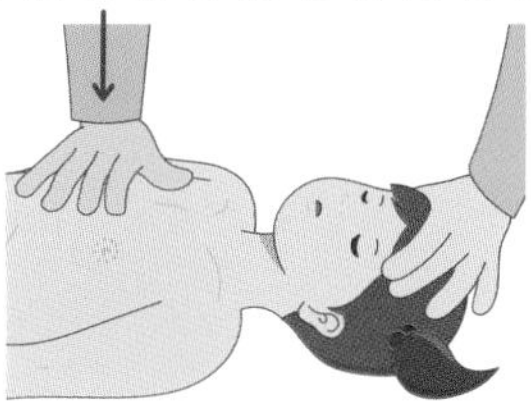

小児の胸骨圧迫

人工呼吸ができる場合は、胸骨圧迫を30回(1分間に100〜120回のリズム)行って、人工呼吸を2回行います。 (21〜23ページ参照)

9784938481360
ISBN978-4-938481-36-0
C0047 ￥500E
1920047005006
定　価（本体500円＋税）

子どもの事故予防と応急手当マニュアル

初　版　平成 17年 4月
改訂新版　令和　4年 7月
指　導　山中龍宏 緑園こどもクリニック院長／
国立研究開発法人 産業技術総合研究所 人工知能研究センター 外来研究員／
NPO法人 Safe Kids Japan理事長
発　行　公益財団法人 母子衛生研究会
〒101-8983　東京都千代田区外神田2-18-7
電話 03-4334-1188
発行人　江井俊秀
教材ID ： 220702

FSC
www.fsc.org
ミックス
責任ある木質資源を使用した紙
FSC® C015539
VEGETABLE OIL INK
この製品は、FSC®認証材および管理原材料から作られています。